여러분의 합격을 응원하는
해커스공무원의 특별 혜택

FREE 공무원 한국사 동영상강의

해커스공무원(gosi.Hackers.com) 접속 후 로그인 ▶ 상단의 [무료강좌] 클릭 ▶
좌측의 [교재 무료특강] 클릭

해커스공무원 온라인 단과강의 **20% 할인쿠폰**

F48CA37D46AF8ED6

해커스공무원(gosi.Hackers.com) 접속 후 로그인 ▶ 상단의 [나의 강의실] 클릭 ▶
좌측의 [쿠폰등록] 클릭 ▶ 위 쿠폰번호 입력 후 이용

* 쿠폰 이용 기한: 등록 후 7일간 사용 가능
* ID당 1회에 한해 등록 가능(단과강의에만 적용 가능)

해커스 회독증강 콘텐츠 **5만원 할인쿠폰**

9E53C4227FDGY2DQ

해커스공무원(gosi.Hackers.com) 접속 후 로그인 ▶ 상단의 [나의 강의실] 클릭 ▶
좌측의 [쿠폰등록] 클릭 ▶ 위 쿠폰번호 입력 후 이용

* 쿠폰 이용 기한: 등록 후 7일간 사용 가능
* ID당 1회에 한해 등록 가능(특별 할인상품 적용 불가)
* 월간 학습지 회독증강 행정학/행정법총론 개별상품은 할인쿠폰 할인대상에서 제외

합격예측 모의고사 응시권 + 해설강의 수강권

828AE3E2D8433CC5

해커스공무원(gosi.Hackers.com) 접속 후 로그인 ▶ 상단의 [나의 강의실] 클릭 ▶
좌측의 [쿠폰등록] 클릭 ▶ 위 쿠폰번호 입력 후 이용

* 쿠폰 이용 기한: 등록 후 1년 내 사용 가능
* ID당 1회에 한해 등록 가능

쿠폰 이용 관련 문의 **1588-4055**

단기 합격을 위한 해커스 커리큘럼

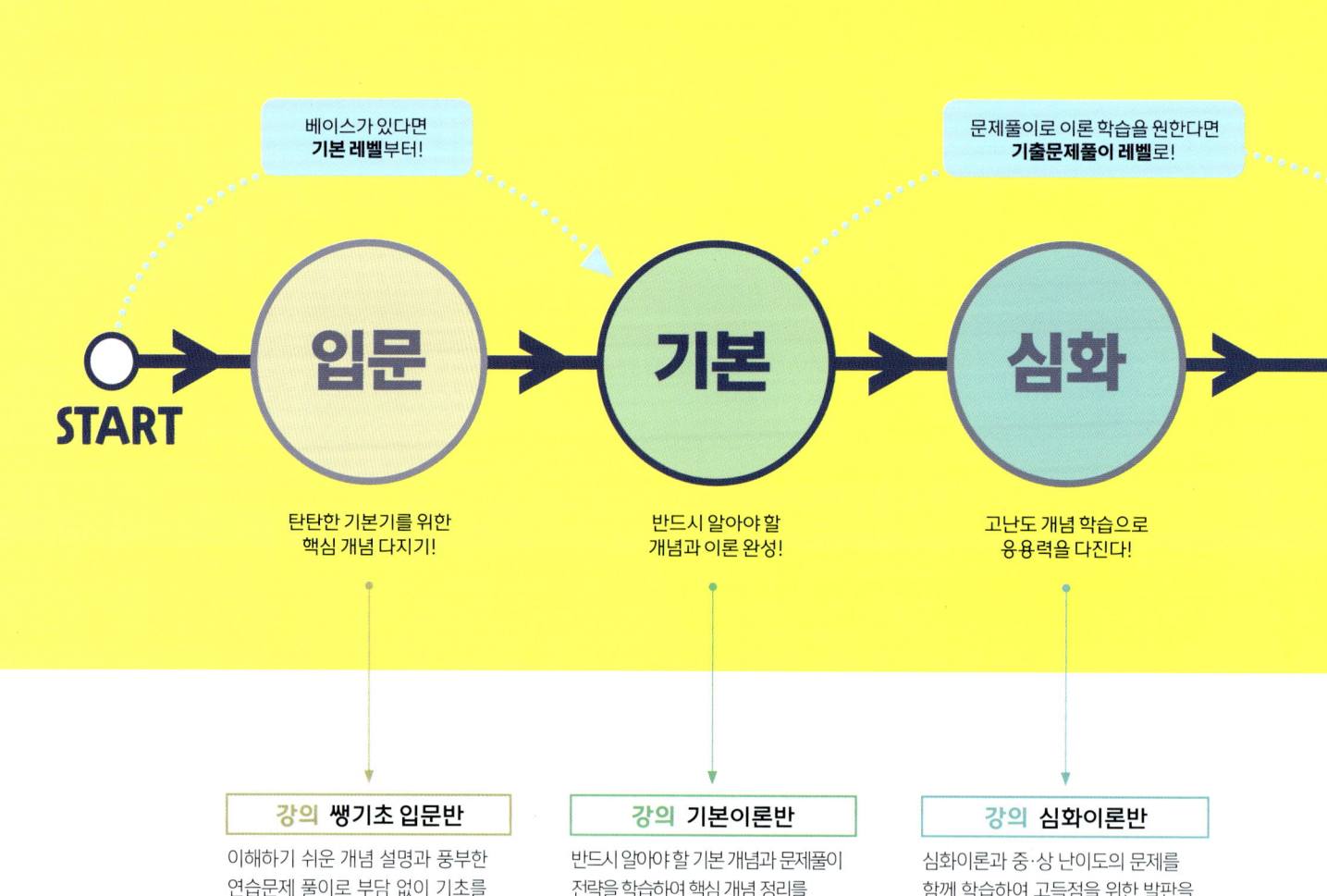

레벨별 교재 확인 및
수강신청은 여기서!

gosi.Hackers.com

* 커리큘럼은 과목별·선생님별로 상이할 수 있으며, 자세한 내용은 해커스공무원 사이트에서 확인하세요.

기출문제 → 예상문제 → 마무리 → PASS

기출문제풀이 훈련으로
취약영역을 보완한다!

예상문제풀이로
실전력을 강화한다!

시험 직전 반드시
확인할 내용만 엄선한다!

강의 기출문제 풀이반
기출문제의 유형과 출제 의도를 이해하고, 본인의 취약영역을 파악 및 보완하는 강의

강의 예상문제 풀이반
최신 출제경향을 반영한 예상 문제들을 풀어보며 실전력을 강화하는 강의

강의 실전동형모의고사반
최신 출제경향을 완벽하게 반영한 모의고사를 풀어보며 실전 감각을 극대화하는 강의

강의 봉투모의고사반
시험 직전에 실제 시험과 동일한 형태의 모의고사를 풀어보며 실전력을 완성하는 강의

해커스공무원

이명호 한국사

암기강화
프로젝트
워크북

해커스공무원

명호쌤이 알려주는 이 책의 특징

체계적인 **암기강화 프로젝트**로 공무원 한국사 만점 달성!

> [해커스공무원 이명호 한국사 암기강화 프로젝트 워크북]은
> 공무원 한국사 기본 개념을 학습하고, 기본 강의를 수강한 학생들이
> '학습하고 배우기는 했으나 머리 속에서 정리되지 않는 개념'들을
> 체계적으로 모아, 효율적으로 암기할 수 있도록 돕는 책입니다.
>
> 공부를 잘한다는 것은
> 파편화된 정보를 하나의 기억 단위에 집결시키고,
> 복잡하게 널려 있는 정보를 단순화시키고,
> 텍스트로 기억되어 추상화된 정보를 그림으로 시각화시키는 것을 말합니다.
>
> 공부를 어떻게 하면 잘 할 수 있을까.. 고민이 많을 것입니다.
> 분명히 왕도(王道)가 있습니다.
> 그 공부의 왕도를 이 책으로 공부하는 동안에 찾을 수 있을 것입니다.

해커스공무원 이명호 한국사 암기강화 프로젝트 워크북

| 약력 |
서울대학교 인문대학 국사학과 졸업
현 | 해커스공무원 한국사 전임강사
전 | 아모르이그잼 한국사 전임강사

| 저서 |
해커스공무원 이명호 한국사 기본서
해커스공무원 이명호 한국사 암기강화 프로젝트 워크북
해커스공무원 이명호 한국사 기출로 적중

이 책의 특징은 다음과 같습니다.

1 시험에 출제되는 용어와 문장을 그대로 기억하게 하는 훈련을 할 수 있습니다.

개념은 알고 있지만 문제를 풀고 정답을 맞추지 못하는 이유는 시험에 실제로 나오는 표현을 숙지하지 못하고 있기 때문입니다. 백제의 성왕이 '명농'으로 나온다는 것을 알아야 문제를 풀 수 있습니다.
이 책을 통해 실제 시험에 출제되는 표현을 그대로 암기할 수 있습니다.

2 전 시대에 걸친 종합적인 문제에 대비하는 훈련을 할 수 있습니다.

'관청 / 기구', '군사 조직', '교육 제도' 등 전 시대에 걸친 개념을 모아 한번에 정리할 수 있습니다.
화폐를 정리하더라도 고조선의 '50만전'이라는 표현부터 근대 화폐 정리 사업의 '제일은행권'까지
종합적으로 정리할 수 있습니다.

3 시험에 출제되는 사료를 효율적으로 해석하는 방법을 훈련을 할 수 있습니다.

시험에서 가장 많이 출제되는 사료들을 모아 수록하였습니다.
[해커스공무원 이명호 한국사 기본서]의 사료와 비교, 보충해가면서 사료 해석 실력을 높일 수 있습니다.

[해커스공무원 이명호 한국사 암기강화 프로젝트 워크북]이
여러분의 합격을 앞당기는 비밀병기가 되기를 바랍니다. 꼭 합격하시길! 파이팅!

해커스공무원 학원 연구실에서,
이명호

이 책의 차례

암기강화 프로젝트 워크북

THEME 01 지역의 역사 … 8	**THEME 16** 군사 조직 … 79
THEME 02 선사시대 … 19	**THEME 17** 화폐 … 82
THEME 03 고조선과 초기 국가 … 24	**THEME 18** 토지제도와 수취제도 … 85
THEME 04 무덤 양식 … 29	**THEME 19** 후삼국 시대 … 90
THEME 05 승려 … 32	**THEME 20** 고려와 조선의 대외관계 … 93
THEME 06 사찰(절) … 38	**THEME 21** 고려의 여러 사건 … 97
THEME 07 불상과 탑 … 40	**THEME 22** 조선의 여러 사건 … 101
THEME 08 가야 … 42	**THEME 23** 조선 후기 … 107
THEME 09 발해 … 44	**THEME 24** 저술과 저자 … 109
THEME 10 고대사회의 비교 … 47	**THEME 25** 역사 속의 반란 … 113
THEME 11 관청 … 53	**THEME 26** 성리학과 붕당 정치 … 116
THEME 12 왕의 업적 … 58	**THEME 27** 의병과 항일의병 … 120
THEME 13 연호 … 69	**THEME 28** 오랑캐 … 122
THEME 14 학교와 교육 제도 … 72	**THEME 29** 역사서의 역사 … 126
THEME 15 과거 … 77	**THEME 30** 흥선대원군 … 131

워크북 정답모음

THEME 31	개화기 관청 / 기구	133
THEME 32	근대 개혁안과 조약	134
THEME 33	대한제국 / 독립협회	143
THEME 34	일제강점기 주요 사건	147
THEME 35	정치결사운동, 항일비밀결사, 민족유일당	161
THEME 36	국외 항일 운동	162
THEME 37	대한민국 건국 과정	167
THEME 38	현대사 주요 사건	170
THEME 39	근현대사 주요 인물	181
THEME 40	유네스코 문화유산	190

THEME 01 ~ THEME 40   194

· 교재 강의   해커스공무원(gosi.Hackers.com)
· 교재 관련 문의   선생님 카페(www.mhsam.com)

해커스공무원학원 · 공무원인강

gosi.Hackers.com

해커스공무원 **이명호 한국사 암기강화 프로젝트 워크북**

암기강화 프로젝트 워크북

THEME 01 ~ THEME 40

THEME 01 지역의 역사

명호쌤의 한마디

- 우리나라의 강은 대부분 서해와 남해로 흘러 나간다. 큰 강 유역의 평야에는 사람들이 살기에 알맞은 환경이 조성되었으며, 역사적 사건도 대부분 이 평야 지역에서 발생하였다. 오랜 시간이 지나도 변함없이 흐르는 강(江)을 기준으로 역사 서술도 이루어지고 있다. '시험에 나오는 강'의 이름과 위치를 명확히 암기하자.
- 왕조가 바뀌고, 행정구역이 개편되면 지명(地名)은 바뀌기 마련이다. 현재 지역의 옛 지명을 암기하는 것은 과거의 사건을 명확히 파악하는 지름길이다.

시험에 나오는 강(江)

01 다음 괄호 안에 들어갈 강은? _____

가야	① (　　) 유역의 구야국을 중심으로 김수로가 가야를 건국하였다. ② 가야의 여러 나라들은 주로 (　　) 하류 및 그 지류인 남강 주변에 위치하여 수상교통을 활발히 이용하였다. ③ 전기 가야는 고구려 광개토대왕의 공격으로 인하여 (　　) 서쪽 연안으로 세력이 축소되며 쇠퇴하기 시작하였다.
신라	④ 내물 마립간 때 활발한 정복 활동으로 (　　) 동쪽의 진한 지역을 거의 차지하였다. ⑤ 법흥왕 때 김해 지역의 금관가야를 정복하고 (　　)까지 영토를 확장하였다. ⑥ 진흥왕 때 남쪽으로는 대가야를 정복하여 (　　) 서쪽을 장악하였다. ⑦ 창녕비는 진흥왕의 (　　) 유역 진출을 알려주는 순수비이다.
조선	⑧ 조선 시대에 경상도는 군현에서 거둔 조세를 (　　)과 (　　)을 통하여 경창으로 운송하였다.
현대	⑨ 1950년 북한의 남침으로 3일 만에 서울이 함락되고, 1개월 후 (　　) 일대까지 후퇴하였다. ⑩ 1950년 9월, (　　) 방어선에서 치열한 전투가 벌어졌다(국군의 최후 방어선).

02 다음 괄호 안에 들어갈 강은? _____

고조선	① 세형동검이나 잔무늬거울은 (　　)과 금강 유역 등 옛 마한 지역에서 집중적으로 출토되고 있다.
백제	② 근초고왕 때에는 (　　) 유역에 남아 있던 마한 세력을 정벌하고, 남해안까지 영역을 넓혔다.

03 다음 괄호 안에 들어갈 강은? _____

고조선	① 세형동검이나 잔무늬거울은 영산강과 (　　　) 유역 등 옛 마한 지역에서 집중적으로 출토되고 있다.
백제	② 한성 시대에는 유이민 계통인 진씨와 해씨가 왕비족이 되어 부여씨와 함께 정치의 중심 세력을 이루었다. 그러나 (　　) 유역으로 천도한 이후에는 토착세력인 나머지 성씨들이 대두하였다. ③ (나·당 연합군이) (　　　) 으로 가서 육군과 모여서 동시에 주류성으로 가다가 (　　) 어귀에서 왜국 군사를 만나 네 번 싸워서 다 이기고 그들의 배 4백 척을 불태우니 연기와 불꽃이 하늘을 찌르고 바닷물이 붉어졌다.　　　「삼국사기」

04 다음 괄호 안에 들어갈 강은? _____

고구려	① 광개토대왕은 백제의 아신왕으로부터 (　　　) 이북 지역을 빼앗았다. ② 장수왕은 백제의 개로왕으로부터 (　　　) 유역을 빼앗았다. ③ 영양왕 때 온달 장군이 (　　　) 유역 회복을 위해 신라군과 싸우다가 아차산성에서 전사하였다.
백제	④ 온조는 (　　　) 하류에 이르러 도읍을 정하였다. ⑤ (　　) 유역의 초기 백제 무덤은 압록강 유역의 고구려식 무덤 양식인 계단식 돌무지무덤을 계승한 것이다. ⑥ 백제 고이왕은 한군현과 싸우고 목지국을 정복하여 (　　　) 유역을 완전히 장악하였다. ⑦ 백제 성왕은 신라와 연합하여 일시적으로 (　　　) 유역을 부분적으로 수복하였지만, 곧 신라에게 빼앗기고, 자신도 신라를 공격하다가 관산성에서 전사하고 말았다.
신라	⑧ 신라의 진흥왕은 (　　　) 을 차지하고, 북한산에 순수비를 세웠다.
조선	⑨ 조선 후기에 경강상인은 (　　　) 을 무대로 서남 해안을 오가며, 미곡, 소금, 어물 등을 거래하였다. ⑩ 정약용은 정조의 화성 행차를 위해 (　　　) 에 설치하는 배다리를 설계하였다.

05 다음 괄호 안에 들어갈 강은? _____

고려	① (　　　) 하구의 해상세력이 왕건의 고려 건국을 지원하였다. ② 고려 시대에 (　　　) 어귀의 벽란도는 대외무역의 발전과 함께 국제무역항으로 번성하였다. ③ 고려 시대에 이령은 '(　　　) 도'를 그렸다.

06 다음 괄호 안에 들어갈 강은? _____

고조선	① 고조선은 요령 지방과 (　　　) 유역을 중심으로 독자적인 문화를 이룩하면서 발전하였다. ② 한 무제는 위만 조선을 멸망시킨 후 (　　　) 유역에 낙랑을 설치하였다.
고구려	③ 4세기 초반 미천왕은 서안평을 점령하였고, 이어 낙랑군과 대방군을 축출하고 (　　　) 유역을 확보하였다.
신라	④ 문무왕은 (　　　)에서 원산만까지를 경계로 삼국통일을 완성하였다.
고려	⑤ 고려의 향악 작품으로는 동동, (　　　), 오관산 등이 있다.
근대	⑥ 미국 상선 제너럴셔먼호가 (　　　)을 거슬러 평양 부근까지 올라와 통상을 요구하자, 박규수가 화공으로 셔먼호를 불태웠다.

07 다음 괄호 안에 들어갈 강은? _____

선사	① 미송리식 토기는 주로 (　　　) 이북, 요령성과 길림성 일대에 분포한다. ② 세형동검은 (　　　) 이남에서 출토되고 있다.
고구려	③ 을지문덕이 (　　　)에서 수 양제의 군대를 크게 격파하였다.
고려	④ 고려 태조는 북방 영토를 확장하여 (　　　)에서 영흥만에 이르는 국경선을 확보할 수 있었다.
조선	⑤ '김조순, 박종경의 무리가 국가 권력을 제멋대로' 하여 일어난 반란은 (　　　) 이북 8군을 점령하였다.

08 다음 괄호 안에 들어갈 강은? _____

고구려	① 고구려는 (　　　)의 지류인 동가강 유역의 졸본 지방에 자리 잡았다가 (　　　)가의 국내성으로 그 중심지가 옮겨졌다.
고려	② 거란 소손녕이 침입하였을 때, 서희의 외교 담판으로 (　　　) 동쪽의 280여 리 지역을 차지하였다. 이로써 고려의 영토는 (　　　) 유역까지 확장되었다. ③ 거란의 침입이 종료된 후, 고려 정부는 (　　　)에서 도련포에 이르는 천리장성을 쌓았다. ④ 공민왕은 철령 이북의 땅을 무력으로 수복하여, (　　　) 중류에서 함남에 이르는 영토를 차지하였다.
조선	⑤ 조선 세종은 4군 6진을 개척하여 (　　　)과 두만강을 잇는 선으로 국경을 확장하였다. ⑥ 백두산 정계비에는 청과 조선의 국경을 '서쪽으로는 (　　　), 동쪽으로는 토문강'이라고 표시하다.
근대	⑦ 아관파천 이후 러시아는 (　　　)과 두만강 연안의 삼림채벌권을 요구하였다.

09 다음 괄호 안에 들어갈 강은? _____

조선	① 조선 세종은 4군 6진을 개척하여 압록강과 (　　　)을 잇는 선으로 국경을 확장하였다.
근대	② 청은 백두산 정계비의 '토문강'을 (　　　)으로 해석하여 조선인의 철수를 요구하였다. ③ 아관파천 이후 러시아는 압록강과 (　　　) 연안의 삼림채벌권을 요구하였다. ④ 1920년, 일본군은 독립군을 토벌하려고 (　　　)을 넘어왔으나, 삼둔자 전투에서 크게 패하였다.

10 다음 괄호 안에 들어갈 강은? _____

부여	① 부여는 (　　　) 유역의 평야 지대를 중심으로 성장하였다.
발해	② 발해의 최대 영토는 동으로는 연해주 지역을 포함하여 아무르강까지, 남쪽으로는 대동강에서 원산만까지, 북으로는 흑룡강에서 (　　　)까지였다.

11 다음 괄호 안에 들어갈 강은? _____

선사	① 한반도는 북방 계통, 즉 중국의 요령·길림, 러시아의 (　　　), 연해주 지역의 청동기를 받아들였다.
발해	② 발해의 최대 영토는 동으로는 연해주 지역을 포함하여 (　　　)까지, 남쪽으로는 대동강에서 원산만까지, 북으로는 흑룡강에서 송화강까지였다.

단답형으로 생각 키우기

01 괄호를 채워서 **의주**와 관련된 역사적 사실을 완성하시오.

현재 이름	옛 이름
의주(義州)	용만(龍灣), 정주(靜州), 위화진(威化鎭), 백마산성(白馬山城), 보주(保州), 홍화진(興化鎭)

고려	① 의주는 강동 6주 가운데 하나인 (　　　　　)이 있던 곳이다. ② 고려 시대에 의주 지역에 요(遼)와 물품을 거래하던 (　　　　　)이 설치되었다.
조선	③ 임진왜란 중에 의주에서 시작된 관무역 시장을 (　　　　　)라 한다. ④ 병자호란 때 임경업 장군이 의주 (　　　　　)에서 청나라 군대를 물리쳤다. ⑤ 의주의 (　　　　　)은 대중국 무역을 주도하면서 재화를 많이 축적하였다.

02 괄호를 채워서 **평양**과 관련된 역사적 사실을 완성하시오.

현재 이름	옛 이름
평양(平壤)	서경(西京), 평양성(平壤城)

선사	① 평양 (　　　　) 대현동 동굴과 평양 (　　　　) 유적지에서는 사람뼈가 출토되었다. ② 신석기 시대 유적지인 평양 (　　　　)에서 탄화된 좁쌀이 발견되었다.
고구려	③ 고구려 (　　　　)은 평양성 전투에서 근초고왕의 군대를 막다가 '빗나간 화살'에 맞아 죽었다(371). ④ 고구려 장수왕은 수도를 (　　　　)에서 평양성으로 천도하였다(427). ⑤ 당나라는 고구려를 멸망시킨 후 평양에 (　　　　)를 설치하였다(668).
고려	⑥ 왕건은 (　　　　)에서 서경은 수덕(水德)이 순조로워 우리나라 지맥의 뿌리가 된다고 하였다. ⑦ 묘청은 풍수지리설을 내세워 평양에 (　　　　)이라는 궁궐을 짓고 천도하여, 황제를 칭하고, 금을 정벌하자고 주장하였다. ⑧ 서경 유수 (　　　　)이 서경에서 군사를 일으켜 중부(仲夫)의 무리를 토벌하려고 하자 절령 서쪽 40여 성이 모두 호응하였다(1174). ⑨ (　　　　)가 고구려 부흥을 외치며 서경에서 반란을 일으켰다(1217). ⑩ 몽골은 자비령 이북, 즉 서경에 (　　　　)를 두었다(1270).
조선	⑪ 임진왜란 때 이순신이 한산도 대첩으로 왜군의 보급로를 끊어버리자, (　　　　)가 비록 평양을 빼앗았다고 하나 그 형세가 외롭게 되어 감히 더 전진하지 못하였다. 「징비록」 ⑫ 임진왜란 때 조선과 (　　　　)의 연합군이 평양성 전투에서 승리하였다. ⑬ 조선 후기 평양에서는 (　　　　)이 활발한 상업 활동을 전개하였다.

근현대	⑭ 평양 대동강에서 미국 상선 (　　　　)가 격침되었다(1866). ⑮ 평양에서 경제 자립을 위한 (　　　　)이 시작되었다. ⑯ 평양에서 조만식을 중심으로 (　　　　)가 결성되어 자치 활동을 시작하였다 (1945). ⑰ 김구와 (　　　　)은 평양에서 열린 '전조선 제정당 사회단체 대표자 연석회의'에 참여하였다(1948. 4).

03 괄호를 채워서 개성과 관련된 역사적 사실을 완성하시오.

현재 이름	옛 이름
개성(開城)	송악(宋岳), 송도(松都), 개경(開京)

고려	① (　　　　)은 고구려 계승을 내세워 국호를 고려라 하고(918), 송악으로 도읍을 옮겼다 (919). ② 개성의 (　　　　) 궁궐터는 경사진 면에 축대를 높이 쌓고 계단식으로 건물을 배치하고 있어 웅장하게 보였을 것이다. ③ 고려 (　　　　)은 개성부를 경중(京中) 5부와 경기로 구획하였다. ④ 최충헌의 사노비 (　　　　)이 개경에서 반란을 일으켰다(1198). ⑤ 거란과의 전쟁이 끝난 후 고려는 개경에 (　　　　)을 쌓아 도성 수비를 강화하였다 (1029). ⑥ (　　　　)과 강화를 맺자는 주화파가 득세하면서 고려 정부는 개경으로 환도하였다 (1270). ⑦ 물가의 안정을 위해 개경, 서경 및 12목에 (　　　　)이 설치되었다. ⑧ 고려 문종 때 개경에 (　　　　)을 설치하여 가난한 백성을 진료하고, 의탁할 곳이 없는 백성들을 돌보았다. ⑨ 불교행사 (　　　　)는 매년 11월에 개경에서, 10월에 서경에서 개최되었다.
조선	⑩ 조선 후기에 (　　　　)은 인삼을 직접 재배하여 판매하고 대외무역에도 깊이 관여하였다. ⑪ 2003년 개성시 일대에 (　　　　)라는 남북합작 공단이 조성되었다.

> 興亡(흥망)이 有數(유수)하니 滿月臺(만월대)도 秋草(추초) ㅣ 로다.
> 五百年(오백년) 王業(왕업)이 牧笛(목적)에 부쳐시니,
> 夕陽(석양)에 지나는 客(객)이 눈물계워 ᄒ노라.
>
> 원천석

04 괄호를 채워서 강화도와 관련된 역사적 사실을 완성하시오.

현재 이름	옛 이름
강화(江華)	혈구(穴口), 해구(海口), 강도(江都)

신라	① 신라 문성왕 때 강화도에는 (　　　　　)이라는 군진을 두었다.
고려	② 몽골이 무리한 요구를 계속하자 (　　　　　)는 강화도로 천도하였다(1232). ③ 고려는 강화도 피난 시에 (　　　　　)을 금속활자로 인쇄하였다(1234). ④ (　　　　　)의 주 생산지는 전남 강진, 전북 부안, 강화도이다.
조선	⑤ 강화도의 (　　　　　) 사고에는 실록이 보관되어 있었다. ⑥ 강화도 마니산의 (　　　　　)은 초제를 거행하던 대표적인 장소이다. ⑦ 18세기 초 (　　　　　)는 양명학을 체계적으로 연구하여 강화학파로 발전시켰다. ⑧ 정조는 즉위 직후 강화도에 (　　　　　)을 설치하였다.
근대	⑨ 병인년에 프랑스인이 강화도를 점령하자 (　　　　　)가 정족산성에 들어가 그들과 맞서 싸웠다(1866). ⑩ 신미년에 미국인이 강화도를 침범하자 (　　　　　)이 광성보에서 그들과 맞서 싸웠다(1871).

05 괄호를 채워서 충청북도 청주와 관련된 역사적 사실을 완성하시오.

현재 이름	옛 이름
청주(淸州)	서원경(西原京)

신라	① 청주에는 신라의 5소경 중 (　　　　　)이 있었다. ② 서원경 부근 4개 자연촌락에 관한 (　　　　　)가 일본에서 발견되었다.
고려	③ 청주 (　　　　　)에서 직지심체요절이 금속활자로 인쇄되었다.
조선	④ 조선 영조 때 (　　　　　)이 일어나 청주성을 함락하였다.

06 괄호를 채워서 충청남도 공주와 관련된 역사적 사실을 완성하시오.

현재 이름	옛 이름
공주(公州)	웅진(熊津), 웅천주(熊川州), 웅주(熊州), 명학소(鳴鶴所), 충순현(忠順縣), 우금치(牛金峙)

선사	① 공주 (　　　　　) 유적은 남한 최초로 발견된 구석기 시대 유적지이다.
백제	② 백제는 (　　　　　) 때 고구려의 적극적인 남하정책에 밀려 웅진으로 도읍을 옮겼다(475). ③ 공주 (　　　　　) 고분군은 백제 왕과 왕족의 무덤군이다. 특히 (　　　　　) 6호분과 무령왕릉은 중국 남조 양나라의 영향을 받은 벽돌무덤이다.
신라	④ 왕권 경쟁에서 밀려난 (　　　　　)이 공주를 근거지로 반란을 일으켜 국호를 장안이라고 하였다(822).

고려	⑤ 공주 (　　　　)에서 망이·망소이가 반란을 일으켰다(1176). 무신정권은 반란군을 회유하기 위해 공주 (　　　　)를 충순현으로 승격시켰다. ⑥ 1894년 11월 동학 농민군이 다시 봉기하였을 때, 논산에 집결한 후 공주 (　　　　)에서 관군과 일본군을 상대로 격전을 벌였으나 패배하였다.

07 괄호를 채워서 충청남도 **부여**와 관련된 역사적 사실을 완성하시오.

현재 이름	옛 이름
부여(扶餘)	소부리(所夫里), 사비(泗沘), 홍산(鴻山)

선사	① 부여 (　　　　)는 대표적인 청동기 시대의 유적지이다. (　　　　) 유적의 원형 집터의 경우, 집터의 바닥 중앙에 구덩이를 파고 그 양쪽 끝에 2개의 기둥을 세운 특징이 있다.
백제	② (　　　　) 때 사비로 도읍을 옮기고, 국호를 남부여로 고치면서 중흥을 꾀하였다(538). ③ (　　　　)는 유네스코 세계 문화 유산으로 등재되어 있는데, 여기에는 공주시, 부여군, 익산시 3개 지역이 포함된다. ④ 관북리 유적, (　　　　)성, 정림사지, (　　　　) 고분군, 나성은 모두 부여군에 속한 유네스코 세계 문화 유산이다.
고려	⑤ (　　　　)은 홍산에 출정하여 왜구를 섬멸하였다(1376).
조선	⑥ (　　　　)이 농민과 자신이 조직한 회원들을 이끌고 홍산에서 난을 일으켰다(1596).

08 괄호를 채워서 전라북도 **익산**과 관련된 역사적 사실을 완성하시오.

현재 이름	옛 이름
익산(益山)	건마국(乾馬國), 금마저(金馬渚)

백제	① 백제 무왕은 익산으로 천도를 시도하고 이곳에 (　　　　)를 창건하였다. 미륵사지 석탑에서 발견된 사리 봉안기에 따르면 이 절은 좌평 (　　　　)의 딸이 지었다.
신라	② 신라 문무왕은 금마저에 (　　　　)이라는 고구려 유민의 나라를 세웠다(674~683). ③ 신라 (　　　　)은 안승의 조카뻘 되는 장군 대문이 금마저에서 반역을 도모하자 이를 진압하였다(684).
현대	④ (　　　　) 정부는 마산과 익산을 수출자유지역으로 선정하여 외자를 유치하였다.

09 괄호를 채워서 전라북도 **김제**와 관련된 역사적 사실을 완성하시오.

현재 이름	옛 이름
김제(金堤)	벽골(碧骨)

종합	① 김제에는 철기·삼한 시대에 축조되었고, 신라 원성왕이 증축하였고, 고려 시대에 개축된 (　　　)가 있다. ② 통일신라의 진표가 법상종을 창시하였고, 후백제의 견훤이 유폐되었던 (　　　)에 17세기 들어 미륵전이 지어졌다.
신라	③ 문성왕 13년 2월에 청해진을 파하고 그곳 백성들을 (　　　)으로 옮겼다. 「삼국사기」

10 괄호를 채워서 전라남도 나주와 관련된 역사적 사실을 완성하시오.

현재 이름	옛 이름
나주(羅州)	금산(錦山), 금성(錦城)

후고구려	① 궁예의 부하인 (　　　)이 나주를 공략하였다(903). (　　　)은 나주 완사천에서 장화왕후를 만났다.
고려	② 고려 시대 거란의 2차 침입 때 (　　　)이 나주로 피난하였다. ③ 이인임의 친원 외교를 비판하여 나주로 유배되었던 (　　　)은 유배 기간에 심문천답, 금남잡영, 금남잡제 등을 저술하였다.
조선	④ 영조 31년, (　　　)의 윤지 등이 나주에 벽서를 붙이며 모역을 꾀하였다(1755).

11 괄호를 채워서 경상북도 안동과 관련된 역사적 사실을 완성하시오.

현재 이름	옛 이름
안동(安東)	고창(古昌), 예안(禮安)

고려	① 안동 (　　　) 극락전의 공포 양식은 주심포 양식이다. ② 안동 (　　　) 석불은 지역적 특색이 나타나는 고려 시대의 석불이다. ③ 홍건적이 침입하였을 때 (　　　)은 복주로 피난하였다.
조선	④ 가장 오래된 족보는 (　　　)이다. ⑤ 이황은 (　　　) 향약을 만들었다.

12 괄호를 채워서 제주도와 관련된 역사적 사실을 완성하시오.

현재 이름	옛 이름
제주(濟州)	탐라(耽羅)

선사	① 제주 (　　　) 유적은 구석기 시대의 유적지이다. ② 제주 한경 (　　　)는 신석기 시대의 유적지이다. ③ 제주 (　　　) 유적에서 초기 철기 시대의 대규모 집터가 발견되었다.

백제	④ (　　　　)이 탐라가 공물과 조세를 바치지 않는다하여 친히 치고자 무진주(武珍州)에 이르니, 탐라가 이를 듣고 사신을 보내 사죄하므로 그만 중지하였다(498). 「삼국사기」
고려	⑤ 제주도는 원래 탐라라고 불렸는데, (　　　　) 시대에 제주라는 이름으로 바뀌었다. ⑥ 제주 (　　　　) 항몽 유적은 김통정이 이끌던 삼별초가 여몽연합군과 싸운 최후의 항쟁지이다. ⑦ 제주도에 (　　　　)라는 원의 통치기구가 설립되었다(1207~1301).
현대	⑧ 1948년 4월 3일에 제주도에서 민중항쟁이 일어났다. 그 여파로 5월 10일 총선거에서 제주도의 3개 선거구 중 (　　　　)개 선거구에서만 선거가 치러졌다.

13 괄호를 채워서 독도와 관련된 역사적 사실을 완성하시오.

현재 이름	옛 이름
독도(獨島)	우산도(于山島), 석도(石島)

신라	① (　　　　) 13년 여름 6월 우산국(于山國)이 항복하여 해마다 토산물을 바쳤다. …… 이찬 이사부가 하슬라주의 군주가 되어 말하기를 "우산국의 사람들은 어리석고 또 사나워서 힘으로 복속시키기는 어려우나 꾀로는 복속시킬 수 있다."라고 하였다. 이에 나무 사자를 많이 만들어 전함에 나누어 싣고 그 나라의 해안에 이르러 거짓으로 말하기를 "너희가 만약 항복하지 않으면 이 사나운 짐승을 풀어 밟아 죽이겠다."라고 하자, 그 나라 사람들이 두려워하며 곧 항복하였다. 「삼국사기」
조선	② 태종 때 주민들을 본토로 이주시키는 공도(空島) 정책(쇄환 정책)을 실시하였으나, (　　　　)년 공도 정책을 중단하고, 1882년 울릉도 개척령에 따라 육지 주민을 이주시키고 관리를 파견하였다. ③ 「(　　　　)」 강원도 울진현 조(條)에서 '우산, 무릉 두 섬이 현 정동 바다 한 가운데 있다'고 하여 독도를 강원도 울진현 소속으로 구분하고 있다(1454). ④ 독도에 관한 일본 최초의 문헌 「(　　　　)」에 울릉도와 독도가 조선 영토로 표시되어 있다(1677). ⑤ 숙종 때 (　　　　)은 2차례에 걸쳐 일본에 건너가 독도가 울릉도와 더불어 조선의 영토임을 확인받았고, 당시 일본에서는 '송도(松島)'로 기록하였다. ⑥ 일본인 학자 하야시 시헤이가 조선, 류큐, 하이국을 그린 (　　　　)에는 울릉도와 독도가 '조선의 소유'라고 명시되어 있다(1785). ⑦ 메이지 정부 최고 기관인 (　　　　)의 지령으로 일본 외무성이 작성한 (　　　　)에서 일본은 울릉도와 독도를 조선의 영토로 인정하고 있다.
대한제국	⑧ 대한제국 칙령 제41호에 따라 울릉도를 (　　　　)으로 승격시켜 독도를 관할하게 했다 (1900). ⑨ 일제는 러일전쟁 중 (　　　　) 고시 제40호에 따라 독도를 일방적으로 일본 영토로 편입하였다(1905).
현대	⑩ 광복 후, 연합국 최고 사령부는 SCAPIN 제(　　　　)호를 발표하여 제주도, 울릉도, 독도를 일본의 통치권에서 제외시키고 한국 영토로 인정하였다(1946). ⑪ (　　　　) 대통령은 '인접 해양에 대한 주권에 관한 대통령 선언'을 선포하여 독도 영토 주권을 확인하였다(1952).

THEME 02 선사시대

명호쌤의 한마디

- 선사시대의 대표적인 유적지와 유물을 연결시키고, 그 유물의 역사적 의의도 함께 정리하도록 한다.
- 구석기 시대, 신석기 시대, 청동기 시대, 철기 시대에 사용하기 '시작'한 도구나 토기 등을 숙지하여야 한다.

선사시대 비교하기

시대	구석기	신석기	청동기	철 기
시대의 시작	약 70만년 전	BC 8000년경	BC 2000~1500년경	BC 5세기 경
도구	주먹도끼와 찍개, 슴베찌르개	가락바퀴와 뼈바늘, 석제 농기구	반달돌칼	명도전, 붓, 철제 농기구
식량 확보	수렵, 어로, 채집	잡곡류 농경 (조, 피, 수수)	벼농사 시작 (콩, 보리, 벼)	
예술, 신앙	주술적 의미의 예술	원시 신앙	선민의식	
	개 모양의 석상 고래와 물고기 조각	애니미즘 토테미즘 샤머니즘	(정복 활동)	
계급 발생	평등 사회	평등 사회	계급 사회	
	가족 단위 무리	씨족 단위 무리	국가 발생	
무덤	매장		무덤양식	무덤양식
	청원 두루봉 동굴 (흥수아이)		고인돌 돌널무덤 돌무지무덤	돌덧널무덤 독무덤 널무덤
주거	동굴, 바위그늘, 막집	움집	움집	움집
	공주 석장리 제천 창내	○	□	1. 취락 규모 확대 2. 呂, 凸자형 주거 3. 부뚜막
토기	(없음)	이른 민무늬 토기 덧무늬 토기 눌러찍기무늬 토기 빗살무늬 토기	덧띠새김무늬 토기 민무늬 토기 미송리식 토기 붉은 간토기 가지무늬 토기	민무늬 토기 검은 간토기 덧띠 토기

'선사시대' 기출문장 시대 구분 연습

번 호	키워드	시대
1	돌괭이, 돌삽, 돌보습, 돌낫 등의 농기구를 사용하였다.	
2	영혼이나 하늘을 인간과 연결시켜 주는 존재인 무당과 그 주술을 믿는 샤머니즘도 있었다.	
3	흑요석의 출토 사례로 보아 원거리 교류나 교역이 있었음을 알 수 있다.	
4	마을 주변에 방어 및 의례 목적으로 환호(도랑)를 두르기도 하였다.	
5	집자리는 주거용 외에 창고, 작업장, 집회소, 공공 의식 장소 등도 확인되었다.	
6	생산물의 분배 과정에서 사유 재산 제도가 등장하였다.	
7	전형적인 유물로는 미송리식 토기, 민무늬 토기, 붉은 간토기 등의 토기가 있다.	
8	외날찍개, 주먹도끼 등을 이용하여 식량을 구하고 무리를 지어 살았다.	
9	혈연에 바탕을 둔 씨족을 사회의 기본 구성단위로 하였다.	
10	동굴이나 바위 그늘에서 살거나 강가에 막집을 짓고 살았다.	
11	금속을 다루는 전문 장인이 나타나고 사유 재산제도가 발달하였다.	
12	반달 돌칼과 구멍 뚫린 돌자귀를 만들어 농경에 활용하였다.	
13	동굴 유적지로 덕천 승리산, 제천 점말, 청원 두루봉이 있다.	
14	유적으로는 상원의 검은 모루, 제천 창내, 공주 석장리 등이 있다.	
15	평안남도 온천 궁산리에서 나온 뼈바늘을 통해 직조 사실을 추정해 볼 수 있다.	
16	명도전 등을 사용하여 중국과 활발하게 교류하였다.	
17	움집 중앙에 있던 화덕은 한쪽 벽으로 옮겨지고, 저장 구덩이도 따로 설치하였다.	
18	농사에 있어서는 조, 콩, 수수, 보리 등 밭농사가 중심이었고, 일부 저습지에서 벼농사가 시작되었다.	
19	부뚜막이 등장하였다.	
20	지상식 주거가 등장하였다.	
21	출입구 시설이 붙은 '여(呂)'자형 주거가 등장하였다.	
22	평양 대현동 유적에서 역포인이 출토되었다.	
23	강화 부근리에서는 탁자식 고인돌이 발견되었다.	

단답형으로 생각 키우기

01 구석기 시대의 주거 형태는?

( )	상원 검은모루 동굴, 제천 점말 동굴, 승리산 동굴, 두루봉 동굴, 단양 도담리 금굴, 제주 빌레못 동굴
( )	단양 상시리 바위그늘
( )	공주 석장리, 제천 창내

02 구석기 시대 유물을 용도별로 나누면?

용도	유물
사냥 도구	주먹도끼, 찍개, 팔매돌, 찌르개
조리 도구	긁개, 밀개, ( )
공구	새기개

03 1960년대 전반 남북한에서 각각 조사 발굴되어 구석기 시대의 존재를 확인시켜 준 유적들은?

광복 이후 북한에서 처음으로 발견된 구석기 시대 유적	
광복 이후 남한에서 처음으로 발견된 구석기 시대 유적	

04 유럽 아슐리안 계통의 주먹 도끼와 동아시아 찍개가 출토된 구석기 시대 유적은?

05 탄화된 좁쌀이 발견된 신석기 시대의 유적과 탄화미가 발견된 청동기 시대의 유적은?

탄화된 좁쌀	1. 황해도 봉산 ( )
	2. 평양 ( )
탄화미	1. 부여 ( )
	2. 여주 ( )

06 선사시대 각 시대에 제작된 토기는?

구석기 시대	없음(이동 생활).
신석기 시대	이른 민무늬 토기, 덧무늬 토기, 눌러찍기무늬 토기, (　　　　　) 토기
청동기 시대	덧띠새김무늬 토기, 민무늬 토기, 미송리식 토기, (　　) 간토기, 가지무늬 토기
철기 시대	민무늬 토기, (　　) 간토기, 덧띠 토기

07 양쪽에 손잡이, 표면에 집선 무늬가 있고, 주로 청천강 이북에 분포하는 토기는?

08 선사시대 각 시대의 농기구는?

구석기 시대	없음(농경이 시작되지 않았음).
신석기 시대	돌(　　), 돌(　　), 돌(　　), 돌(　　)
청동기 시대	(　　　　　), 구멍 뚫린 돌자귀
철기 시대	철제 농기구 (철제 보습 포함)

09 신석기 시대와 청동기 시대의 움집의 특징은?

시대	바닥 모양	화덕 위치	저장 시설 위치
신석기 시대	원형, 둥근 사각형	①	화덕이나 출입문 옆
청동기 시대	②	한쪽 벽	③

10 벼농사는 언제, 어디에서 시작되었으며, 추수 도구는 무엇인가?

시작된 시대	청동기 시대
시작된 장소	남부 지방 일부 (　　　　　)
세기	기원전 (　　　　)세기 무렵
농기구	(　　　　　)로 벼 이삭을 잘랐다.

11 청동기 시대의 주요 유물 중 '돌'이 들어가는 것은?

1. 반달돌칼 2. (　　　　　)	3. 선돌 4. (　　　　　)	5. 고인돌 6. 돌널무덤 7. 돌무지무덤

12 '국보 제285호로 지정된 암각화'를 물에 잠기게 한 댐은?

13 다음 '유물'에 해당하는 동검은?

고조선의 세력 범위를 알 수 있는 유물	1. 거친무늬 거울 2. 미송리식 토기 3. 고인돌 4. ( ) 동검
우리나라의 청동기 문화가 독자적으로 발전했음을 보여주는 유물	1. 거푸집 2. ( ) 동검 3. 잔무늬 거울

14 위만조선에서 유행한 무덤 양식은?

15 붓, 오수전 등이 발견된 철기 시대의 유적은?

THEME 03 고조선과 초기 국가

 명호쌤의 한마디

• 고조선은 1) 단군신화, 2) 8조법, 3) 세기별 주요사건을 중심으로 공부하여야 한다.

'초기 국가' 기출문장 국가 구분 연습

번 호	키워드	국가
1	지형이 동북은 좁고 서남은 길어서 1,000리 정도나 된다. 북쪽은 읍루·부여, 남쪽은 예맥과 맞닿아 있다.	
2	수렵사회의 전통을 보여 주는 제천행사가 12월에 열렸다.	
3	은력(殷曆) 정월에 지내는 제천행사는 영고라 하였다.	
4	인문(印文)은 '예왕지인(濊王之印)'이다.	
5	읍군, 삼로 등의 관직이 있어서 하호를 통치하였다.	
6	도둑질을 한 자는 노비로 삼는다. 용서받고자 하는 자는 한 사람마다 50만 전을 내야 한다.	
7	중국의 한과 대립할 정도로 성장하였다.	
8	요서 지방을 경계로 연나라와 대립하기도 하였다.	
9	말, 주옥, 모피 등의 특산물이 유명하였다.	
10	백성은 도둑질을 하지 않아 대문을 닫고 사는 일이 없었다. 여자는 모두 정조를 지키고 신용이 있어 음란하고 편벽된 짓을 하지 않았다.	
11	기원전 3세기경에는 강력한 왕이 등장하여 왕위를 세습하였으며, 그 밑에 상, 대부, 장군 등의 관직도 두었다.	
12	명주와 삼베를 짜는 등 방직 기술이 발달하였으며, 단궁과 과하마, 반어피 등이 유명하였다.	
13	왕 아래 가축의 이름을 딴 관리가 있었으며, 이들은 저마다 따로 행정 구획인 사출도를 다스리고 있었다.	
14	건국 시조와 그 어머니를 조상신으로 섬겨 제사를 지냈고, 10월에 동맹이라는 제천행사를 성대하게 치렀다.	
15	해마다 씨를 뿌리고 난 뒤인 5월과, 가을 곡식을 거두어들이는 10월에 하늘에 제사를 지냈다.	

16	혼인을 정한 뒤 신부집 뒤꼍에 조그만 집을 짓고, 거기서 자식을 낳아 장성하면 아내를 데리고 신랑집으로 돌아가는 풍습이 있었다.	
17	건국 초기부터 주변의 소국들을 정복하고 평야 지대로 진출하고자 하였다.	
18	형벌은 엄하고 각박하여 살인자는 사형에 처하고 그 가족은 노비로 삼았다.	
19	철이 많이 생산되어 낙랑, 왜 등에 수출하였다.	
20	본래 연노부를 비롯한 5족이 있었는데, 처음에는 연노부에서 왕이 나왔으나 뒤에는 계루부가 대신하였다.	
21	큰 창고는 없지만 집집마다 작은 창고가 있으니, 이를 부경(桴京)이라 불렀다.	
22	귀신을 믿기 때문에 국읍에 각각 한 사람씩 세워 천신의 제사를 주관하게 하는데, 이를 천군이라 부른다.	
23	제사장의 존재에서 고대 신앙의 변화와 제정의 분리를 엿볼 수 있다.	
24	큰 세력을 가진 이는 스스로 신지(臣智)라 하고, 그 다음은 읍차(邑借)라 한다.	
25	대가들이 각기 사자·조의·선인을 거느렸다.	
26	간음한 자와 투기가 심한 부인을 사형에 처하는 엄격한 법이 있었다.	
27	나라에 대한 가장 오래된 기록이 '관자'라는 책에 등장한다.	
28	연의 장수 진개의 공격을 받아 2,000여 리를 빼앗겼다.	
29	진왕(辰王)이 소국 연맹을 주도하였다.	
30	수해나 한해를 입어 오곡이 잘 익지 않으면 그 책임을 왕에게 묻기도 하였다.	
31	장성의 북쪽에 있으며 현도에서 천 리쯤 떨어져 있다.	
32	산천을 중요시하여 산과 내마다 구분이 있어 함부로 들어가지 않으며, 이를 어기면 우마로 배상하였다.	
33	큰 산과 깊은 골짜기가 많고 평원과 연못이 없어서 계곡을 따라 살며, 골짜기 물을 식수로 마셨다.	
34	장례를 후하게 치러 금·은 재화를 무덤에 넣는다. 돌을 쌓아 봉분을 만들고 주위에 소나무와 잣나무를 심는다.	
35	나라 동쪽에 큰 굴이 있는데 국동대혈이라고 한다. 매년 10월에 온 나라 사람들이 그 굴에서 수신(隧神)을 맞이하여 제사를 지낸다.	
36	주민들이 초가지붕의 반움집이나 귀틀집에서 살았다.	
37	니계상 삼이 사람을 시켜서 우거를 죽이고 항복했다.	
38	토질은 오곡을 가꾸기에는 알맞지만, 과일은 생산되지 않았다.	

단답형으로 생각 키우기

01 기원전 4세기와 3세기에 고조선에서 있었던 일은?

BC 4세기	요서 지방을 경계로 (　　　　　)와 대립할 만큼 큰 세력을 이루었다.
BC 3세기	1. 부왕, 준왕 같은 (　　　　　)이 등장하였다. 2. 연나라 장수 (　　　　　)의 침략을 받아 서쪽 영토 2천여 리를 빼앗겼다.

02 고조선에 철기가 전래된 시기와 고조선이 철기를 적극 수용(본격적으로 수용)한 시기는?

철기 전래	
철기 적극 수용	

03 다음 괄호에 공통적으로 들어갈 말은?

위만 조선	위만 조선이 한(漢)과 진(辰) 사이의 (　　　　　)으로 이익을 독점하였기 때문에 한(漢)과 대립하였다.
전기 가야 연맹	풍부한 철 생산과 해상 교통을 이용하여 낙랑과 왜의 규슈 지방을 연결하는 (　　　　　)이 발달하였다.

04 단군신화가 기록된 역사서 및 지리지는?

기록명	편저자	시기
삼국유사(기이편)	일연	①
②	③	충렬왕 때
④	권람	세조 때
세종실록지리지	변계량, 맹사성, 권진 등	⑤
⑥	노사신	성종 때

05 고조선의 8조법을 통해 알 수 있는 것은? (3발생, 3중시)

발생	1. 형벌
	2.
	3.
중시	1. 생명
	2.
	3.

06 사람을 죽인 자는 사형에 처하고, 그 가족은 적몰하여 노비로 삼은 나라는?

07 부여의 가(加)와 고구려의 가(加)는? (4개, 2개)

부여	
고구려	

08 각 나라의 제천행사와 그 시기는?

나라	제천행사 명칭	시기
부여		
고구려		
동예		
삼한		

09 각 나라의 장례 풍습은?

나라	장례 풍습
부여	1. 순장의 풍습이 있었다. 2. 여름에는 ( )을 넣어 시체의 부패를 막았다. 3. 곽(槨)은 사용하였으나 ( )은 쓰지 않았다. 4. 국왕의 장례에는 ( )을 사용하였다.
( )	1. 금, 은, 재화를 무덤에 넣었다. 2. 주위에 소나무와 잣나무를 심었다.
( )	방금 죽은 자는 임시로 시체를 가릴 정도로 흙을 덮어 놓았다가 피부와 살이 썩으면 뼈를 거두어 외곽에 안치한다. 「삼국지」 위서 동이전

10 각 나라의 특산물은?

나라	특산물
부여	(　　　　), 주옥, 모피
동예	(　　　　), 과하마, 반어피
삼한	철, (　　　)

11 다음 질문에 답하시오.

감옥이 없는 나라는?	
제천행사가 없는 나라는?	
대군장이 없는 나라는?	

12 개마대산 동쪽에 있는 나라의 혼인 풍속은?

13 군장 국가 단계에 머무른 나라는? (2개)

14 삼한에 대하여 답하시오.

제사장	대군장	소군장	통솔자
①	②	읍차, 부례	주수

THEME 04 무덤 양식

명호쌤의 한마디

- 무덤 양식은 묘제(墓制)라고도 한다. 구석기 시대와 신석기 시대의 무덤 양식은 없다. 그러므로 청동기 시대, 철기 시대 및 삼국 시대 각국의 무덤 양식을 숙지하면 된다.
- 청동기 시대는 '고인돌'을, 삼국 시대는 '굴식 돌방무덤'과 '돌무지덧널무덤'을 중심에 놓고 이해의 폭을 넓혀가기를 바란다.

무덤의 구조

무덤 양식	구 조	시 기	대표적 무덤
고인돌	4개의 (　　　) + 거대하고 편평한 (　　　　)	청동기 시대	
	1. _____의 무덤이다. 2. _____을 알 수 있다. 3. _____과 함께 발견된다.		

무덤 양식	구 조	시 기		대표적 무덤	
굴식 돌방무덤	(　　　) + 봉토 + 벽화	고구려			
		백제	웅진	사비	
		신라	삼국시대	통일신라	
		발해			
	1. _____이 있다. 2. _____의 영향을 받았다.				

돌무지 덧널무덤	나무덧널 + (　　　) + (　　　) + 껴묻거리	신 라	
벽돌무덤	벽돌 + 벽화	백 제	
		발 해	

단답형으로 생각 키우기

01 ① 고구려 초기의 무덤 양식, ② 고구려 후기의 무덤 양식은?

02 ① 백제 한성 시대의 무덤 양식, ② 백제 웅진, 사비 시대의 무덤 양식은?

03 각 나라의 대표적인 굴식돌방무덤은?

고구려	백제	신라	발해
(　　　), (　　　), 무용총	공주 송산리 1~5호분, 부여 (　　　) 고분	어숙묘(통일 전) 김유신묘, 괘릉, 성덕대왕릉(통일 후)	(　　　)

04 각 나라의 벽돌무덤의 명칭은?

백제	발해
(　　　), 무령왕릉	(　　　)

05 신라에서만 발견되는 무덤 양식은?

06 다카마쓰 고분 벽화에 영향을 준 고구려의 벽화고분은?

07 기마도, 공양인 행렬도, 서역 건축양식을 모방한 8각 기둥이 있는 무덤은?

08 출(出)자형 금관이 발견된 무덤은?

THEME 05 승려

명호쌤의 한마디

- 불교 문제의 핵심은 역시 승려이다. 시험에 자주 출제되는 '원효, 의상, 균여, 의천, 지눌'을 집중적으로 공부하여야 한다. 그러나 혜량, 원광, 자장, 원측, 진표, 혜심, 요세, 보우 등도 그 주요 업적을 간략하게 정리하여야 한다.

'승려' 기출문장 괄호 넣기 연습

01 삼국의 불교 수용(공인)과 관련하여 괄호를 채우시오.

고구려	(　　　　) 때 전진에서 승려 순도(順道)가 불상과 불경을 전하였다(372).
백제	침류왕 때 (　　　　)에서 고승 마라난타(摩羅難陀)가 불교를 전하였다(384).
신라	신라의 불교는 (　　　　) 때 고구려에서 온 승려 묵호자가 전하고, 소지왕 때 다시 고구려에서 승려 아도가 전하였으나, (　　　　) 때 이차돈의 순교 후 비로소 공인되었다.

02 백제 성왕 때 (　　　　)과 같은 승려를 등용하여 불교의 진흥을 꾀하고 국가의 정신적 토대를 굳게 하였다.

03 신라에서 불교식 왕명을 사용한 시기는 (　　　　) 때부터 (　　　　) 때까지이다.

04 원효는 (　　　　) 사상과 (　　　　) 사상의 대립을 해소하고자 화쟁 사상을 전개하였다.

05 원효는 (　　　　)라는 노래를 유포하며 일반 백성을 교화하였다. (일체 무애인은 한 길로 생사를 벗어난다.)

06 (　　　　)은 모든 존재가 상호의존적인 관계에 있으면서 서로 조화를 이루고 있다는 화엄사상을 정립하였다.

07 (　　　　)은 국왕이 큰 공사를 일으켜 도성을 새로이 정비하려 할 때 백성을 위해 이를 만류하였다.

08 (　　　　)가 금산사를 중심으로 법상종을 전파하였다.

09 (　　　　　)은 삼장법사 현장에게 유식학을 배워 서명학파를 이루었으며 티벳불교에 큰 영향을 주었다.

10 (　　　　　)는 자신이 돌아본 인도와 중앙아시아의 풍물을 생생하게 기록한 『왕오천축국전』을 남겼다.

11 도의가 장흥 보림사를 중심으로 선종 9산문의 하나인 (　　　　　　)를 개창하였다.

12 고려 시대에는 (　　　　)과 (　　　　)이 남중국에 가서 천태학을 전하였다.

13 고려 초기에는 화엄 사상을 정비하고 보살의 실천행을 폈던 (　　　　)의 화엄종이 성행하였다.

14 (　　　　)는 북악의 법손(法孫)으로서 북악을 중심으로 남악의 사상을 융합하였다.

15 (　　　　)은 선종 2년 을축(1085) 4월에 불법을 구하기 위해 배를 타고 가서 백파(百派)를 도입하니, 대소(大小)·시종(始終)·원돈(圓頓) 등 5교가 각각 그 자리를 얻어 다시 제자리로 돌아갔다.

16 (　　　　)은 교장을 간행하여 동아시아 각국의 불교 학설을 정리하였다.

17 (　　　　)은 송, 요, 일본의 불교서적을 모아 '신편제종교장총록'을 간행하였다.

18 고려 시대 불교는 (　　　　)이 죽은 뒤 교단이 분열되고 귀족 중심이 되었다.

19 (　　　　)은 내가 곧 부처라는 깨달음을 위한 노력과 함께 꾸준한 수행으로 깨달음의 확인을 아울러 강조하였다.

20 지눌의 뒤를 이은 (　　　　)은 유불일치설을 주장하였다.

21 요세가 결사한 백련사는 (　　　　　)을 내세운 천태종 계통의 신앙단체였다.

22 요세는 참회수행과 염불을 통한 (　　　　)을 주장하며 백련사를 결성했다.

23 고려시대의 신앙결사운동은 (　　　　　　　)에 단절되고 말았다.

24 (　　　　　　　)는 충렬왕 대에 왕실의 원찰(願刹)인 묘련사로 바뀌었다.

25 공민왕 때 개혁 정치를 추진한 (　　　　　　)는 9산선문의 통합을 주장하였다.

26 각훈은 삼국시대 이래 명승들의 전기를 정리하여 (　　　　　　　)을 지었다.

27 세조는 (　　　　　　)을 설치하여 불경의 번역에 힘쓰는 등 적극적인 불교 진흥책을 시행하였으나 일시적인 효과에 그치고 말았다.

28 임꺽정의 난이 일어났던 왕대에 (　　　　　　)의 불교 숭신으로 선교 양종이 다시 설치되었다.

단답형으로 생각 키우기

01 주요 승려의 별칭은?

원효	의천	지눌	요세
해동보살, (　　　)	대각국사, 우세승통, (　　　)	보조국사	원묘국사

02 다음 시기의 대표적인 승려는?

시기	승려	비고
진흥왕 때	(　　　)	불교 교단 정비, 팔관회 시작
진평왕 때	(　　　)	세속오계, 걸사표
선덕여왕 때	(　　　)	황룡사 9층탑 조성 건의, 분황사·통도사 창건
문무왕 때	원효, 의상	-
고려 광종 때	균여, 제관, 의통	-
고려 숙종 때	(　　　)	교관겸수, 국청사
최충헌 집권기	(　　　)	정혜쌍수, 돈오점수, 조계종
공민왕 때	신돈, 보우	-
조선 명종 때	(　　　)	문정대비

03 다음 승려들의 주요 교리는?

원효	의상	균여	의천	지눌
1. 화쟁 2. ( )	1. 화엄 2. ( )	1. ( ) 2. 성속무애	1. ( ) 2. 내외겸전 3. 성상겸학	1. ( ) 2. 돈오점수 3. 선교합일

04 고구려 승려의 이름을 쓰시오.

업적	승려
① 중국에 가서 삼론종 발전에 기여한 승려	
② 신라에 가서 승통에 임명된 승려	
③ 일본에 건너가 쇼토쿠 태자의 스승이 된 승려	
④ 일본에 건너가 종이와 먹의 제조법을 전해준 승려	
⑤ 백제로 가서 불법을 전한 승려	
⑥ 일본 삼론종의 시조가 된 승려	

05 승려의 이름에는 惠(은혜 혜) 또는 慧(슬기로울 혜) 등의 '혜'자가 자주 포함된다. 다음 승려는?

업적	승려
① 거칠부의 천거로 진흥왕에게 투항한 고구려 승려	
② 일본에 건너가 쇼토쿠 태자의 스승이 된 고구려 승려	
③ 일본에 건너가 쇼토쿠 태자의 스승이 된 백제 승려	
④ 일본 삼론종의 시조가 된 고구려 승려	
⑤ 왕오천축국전을 저술한 통일신라의 승려	
⑥ 유불일치설을 주장한 고려 승려	

06 스승의 이름으로 승려를 파악하시오.

스승의 이름	승려
① 당나라에 유학하여 지엄의 문하에서 현수와 더불어 화엄종을 연구하고 귀국하였다.	
② 당의 삼장법사 현장에게서 유식 불교를 배웠다. 현장의 사상을 계승한 규기와 논쟁하여 우위를 보였다.	
③ 중국 화엄종의 방계인 이통현의 화엄 사상에서 많은 영향을 받았다.	

07 스스로 "소성거사"라 불렀으며, "열면 헬 수 없고 가없는 뜻이 대종(大宗)이 되고, 합하면 이문(二門) 일심(一心)의 법이 그 요차가 되어 있다."고 주장한 승려는?

08 중관파와 유식파의 대립 문제를 연구해 일심사상으로 체계화한 승려는?

09 "일(一) 안에 일체(一切)요, 다(多) 안에 일(一)이다."를 주장한 승려는?

10 현세에서 고난을 구제받고자 하는 관음신앙을 이끈 승려는?

11 "비록 궁벽한 시골 띳집에 있다고 해도 바른 도를 행하면 복된 일이 오래 갈 것이다."라고 왕에게 조언한 승려는?

12 "관(觀)도 배우지 않을 수 없고, 경(經)도 배우지 않을 수 없다."를 배운 승려는?

13 "한 마음(一心)을 깨닫지 못하고 한없는 번뇌를 일으키는 것이 중생인데 부처는 이 한 마음을 깨달았다."라고 밝힌 승려는?

14 "하루는 같이 공부하는 사람 10여 인과 약속하였다. 항상 선을 익히고 지혜를 고르는데 힘쓰자."를 주장한 승려는?

15 화엄종과 관련 있는 승려를 쓰시오.

업적	승려
① 화엄종을 개창하여 제자를 양성하였다.	
② 일본에 건너가 화엄교리를 강의하고 일본 승려 양변(良辯)에게 법을 전하여 일본의 화엄종을 일으키는데 많은 영향을 주었다.	
③ 귀법사를 창건하여 화엄종을 통합하게 하였다.	
④ 흥왕사를 근거지로 하여 화엄종을 중심으로 교종을 통합하려 하였다.	

16 신라의 5교는?

종파	창시자	중심 사찰
열반종	①	전주 경복사
②	자장	양산 통도사
③	원효	경주 분황사
화엄종	④	영주 부석사
⑤	진표	김제 금산사

17 ① 도의, ② 홍척, ③ 이엄이 만든 선종 종파는?

18 참회수행과 염불을 통한 극락왕생을 주장하며 백련사를 결성한 승려는?

19 승려 본연의 자세로 돌아가 독경과 선 수행, 노동에 고루 힘쓰자고 주장한 승려는?

20 '왕은 중국에 36명의 승려를 파견하여 법안종을 배우도록 하였다.' 왕의 이름은?

21 공민왕 때 '보우'가 중국에서 들여온 종파는?

22 '최충헌', '이규보'와 동시대의 승려는?

23 유불일치설을 주장하며 심성의 도야를 강조한 승려는?

24 불교 종파를 7종에서 선교양종으로 축소한 왕은?

25 조선 시대의 대표적인 '숭불' 시기는?

26 불교의 정법을 퍼뜨린 위대한 정복군주인 전륜성왕(轉輪聖王)을 자처한 두 왕은?

신라 ( )	두 아들의 이름을 동륜 등으로 짓고 자신은 전륜성왕으로 자처했다.
발해 ( )	전륜성왕을 자처하고 황상, 황후 등의 용어를 사용하였다.

THEME 06 사찰(절)

  명호쌤의 한마디

- 불교 통합과 각종 불사의 중심이었던 불교 사찰을 정리해 본다.

시험에 자주 등장하는 사찰

번호	사찰명	소재지	기억해야 할 내용
1		경주	① 신라 진흥왕이 건립한 절 ② 선덕여왕이 9층탑을 세운 절 ③ 솔거가 벽에 노송도를 그린 절
2		경주	① 선덕여왕 때 자장이 건립한 절 ② 모전석탑이 있는 절 ③ 원효가 법성종을 창시할 때 근거지로 삼은 절
3		양산	① 선덕여왕 때 자장이 건립한 절 ② 자장이 계율종을 창시할 때 근거지로 삼은 절
4		익산	① 백제 무왕이 건립한 절 ② 목탑 양식을 계승한 현존 최고의 석탑이 있는 절
5		김제	① 17세기에 불교의 사회적 지위 향상과 양반 지주층의 경제적 성장을 반영하는 규모가 큰 불교 건축물이 있는 절(미륵전) ② 진표가 법상종을 창시할 때 근거지로 삼은 절 ③ 견훤이 신검에 의해 유폐되었다가, 탈출한 절
6		경주	① 만파식적 설화와 관련된 절 ② 호국불교의 상징이며, 사천왕상이 부조된 금동사리기가 발견된 3층 석탑이 있는 절 ③ 문무왕과 신문왕의 관계를 말해주는 절
7		영주	① 의상이 화엄종을 창시할 때 근거지로 삼은 절 ② 의상이 국가의 지원을 받아 설립한 화엄십찰 중의 하나 ③ 고려 시대 주심포 양식의 건축물인 무량수전과 조사당이 있는 절
8		합천	팔만대장경을 보관하고 있는 절(장경판전, 유네스코 등재)
9		개성	① 고려 현종이 부모의 명복을 빌기 위해 건립한 절 ② 추녀가 직선에서 곡선으로 변하는 등 고려 석탑 특유의 모습을 보이는 7층 석탑이 있는 절 ③ 이자겸이 아들을 출가시켜 이 절의 불교세력과 강력한 유대 관계를 맺고 있었다.

10		경기 개풍	① 고려 문종이 건립한 절 ② 의천이 교종통합을 할 때 근거지로 삼은 절 ③ 김용 세력이 공민왕을 시해하려고 했던 절
11		개성	① 의천이 건립한 절 ② 의천이 교선통합을 할 때 근거지로 삼은 절
12		전남 강진	조선 전기(15세기)에 극락전이 있던 절
13		충북 보은	① 통일신라 시대에 쌍사자석등이 제작된 절 ② 17세기에 불교의 사회적 지위 향상과 양반 지주층의 경제적 성장을 반영하는 규모가 큰 불교 건축물이 있는 절(팔상전)
14		경주	① 통일신라의 경덕왕이 창건한 절 ② 청운교·백운교가 있는 절 ③ 석가탑·다보탑이 있는 절 ④ 무구정광대다라니경이 발견된 절
15		대구	초조대장경을 보관하던 중에 소실된 절
16		청주	현존하는 가장 오래된 금속활자본이 인쇄된 절
17		평창	8각 9층 석탑이 있는 절
18		평창	현존하는 가장 오래된 범종이 있는 절
19		산둥반도	장보고가 산둥반도 적산촌에 세운 신라원
20		송광산	지눌이 정혜결사 운동을 했던 절
21		개성	원나라 석탑의 영향을 받은 10층 석탑이 있던 절(고려)
22		한양	원나라 석탑의 영향을 받은 10층 석탑이 있던 절(조선)
23		경기 개풍	광종 때 균여가 머물며 불교 통합운동을 전개했던 절

단답형으로 생각 키우기

01 선덕여왕 때 세워진 절 3개는?

02 의상이 세운 대표적인 절 2개는?

03 무왕이 세운 절 2개는?

04 초조대장경을 보관하고 있던 절은? (몽골 침입 때 판목 소실)

THEME 07 불상과 탑

- 불교의 예배 대상은 불상과 탑이다. 이것은 불상과 탑이 시험에 자주 출제되는 이유이기도 하다.

시대별 불상과 탑

시대	불상		탑
삼국			
통일신라	중대	나당전쟁 → 호국불교(사천왕상) 통일(해냈다) → 촉지인(석굴암본존불)	3층
	하대	불교대중화 → 지권인(비로자나불) 혼란한 사회 → 마애(방어산, 칠불암)	3층
고려	신라 양식 계승 → 부석사 소조 아미타 여래좌상 지역별 특색(호족 지원) → 철불, 대형석불		5, 7, 9층 10층
조선	-		10층

단답형으로 생각 키우기

01 삼국 시대의 대표적인 ① 불상, ② 석탑은? (각 4개)

02 신라 양식을 계승한 고려 시대의 ① 불상, ② 범종, ③ 승탑은?

03 '지역적 특색'이 나타나는 고려 시대의 불상은?

04 신라 하대 팔각 원당형의 승탑은? (2개)

05 원나라 석탑 양식의 영향을 받은 ① 고려 시대의 석탑, ② 조선 시대의 석탑은?

06 송나라 석탑 양식의 영향을 받은 고려 시대의 석탑은?

07 백제의 목탑 양식의 석탑은? (2개)

08 신라의 모전 석탑은?

09 신라 하대의 장식적 석탑은? (2개)

10 신라 하대의 지권인을 취하는 불상은? (2개)

11 다음과 관련 있는 지역은?
① 금동대향로 발견
② 무령왕릉
③ 미륵사지 석탑
④ 고달사지 승탑
⑤ 관촉사 석조미륵보살 입상
⑥ 월정사 8각 9층 석탑
⑦ 칠지도
⑧ 감은사지 3층 석탑
⑨ 영광탑
⑩ 무구정광대다라니경

THEME 08 가야

명호쌤의 한마디

- 전기 가야 연맹에서 후기 가야 연맹으로 넘어가는 과정과 가야 연맹이 흥망성쇠하는 과정을 잘 살펴야 한다.

'가야' 기출문장 괄호 넣기 연습

01 "이차돈…… 목을 베니 허연 젖이 한 길이나 솟았"을 때, (   )를 병합하고, 낙동강까지 영토를 확장하였다.

02 "영토 확장에 힘을 기울여 금관가야를 정복한" 왕은 (   )를 설치하여 직접 병권을 장악하였다.

03 "(   )를 국가적 조직으로 정비하여 국가발전을 위한 인재양성을 도모한" 왕 때, 후기 가야의 중심지인 고령지방의 대가야를 정복하였고, 함안의 아라가야, 창녕의 비화가야도 정벌하고, (   ) 서쪽을 장악하였다.

04 "영락 10년에 보병과 기병 5만을 보낸 사건", "도망하는 왜적의 뒤를 급히 쫓아서 임나가라까지 따라가 공격을 한 사건"으로 인해 (   )는 전기 가야 연맹의 주도권을 상실하였다.

05 "김춘추가 신라의 왕위를 계승하는데 앞장섰고", "비담의 난을 진압하는 데 주도적인 역할을 하였던" 인물은 (   ) 왕족의 혈통을 이어받은 인물이다.

06 가야의 토기 문화가 일본 (   ) 토기에 영향을 주었다.

07 고조선, 부여, 가야는 (   ) 국가 단계에서 멸망하였다.

08 대가야는 고립의 위기를 벗어나려고 (   )와 결혼동맹을 맺었다.

09 "뇌질주일"이 시조인 나라의 대표적인 왕릉급 고분군은 (   ) 지산동 고분군이다.

10 "영산강 유역에 남아있던 마한 세력을 정복한" 왕은 낙동강 유역의 (   )에 대해서도 지배권을 행사하였다.

11 가야는 풍부한 철 생산과 해상교통을 이용하여 (   )과 왜의 (   ) 지방을 연결하는 중계무역이 발달하였다.

12 6세기 초에 고령의 대가야는 백제, 신라와 (   )하게 세력을 다투었다.

13 "구하구하 수기현야 약불현야 번작이끽야"의 노래를 불렀던 나라는 (   )를 화폐로 사용하였다.

14 19세기 초 가야 및 임나에 대한 중국 및 일본의 역사 자료를 모아 가야사 연구 기초 자료를 종합한 실학자는 (   )이다.

단답형으로 생각 키우기

01 가야에서 522년, 532년, 562년에 있었던 일은?

02 가야에서 ① 5세기 후반, ② 6세기 초에 있었던 사실은? (각 2개)

THEME 09 발해

명호쌤의 한마디

- 발해의 주요 왕(고왕, 무왕, 문왕, 성왕, 선왕)의 업적을 구분할 수 있어야 한다.
- 발해와 통일신라에서 동시대에 발생한 역사적 사실을 언급할 수 있어야 한다.

발해와 통일신라의 관계

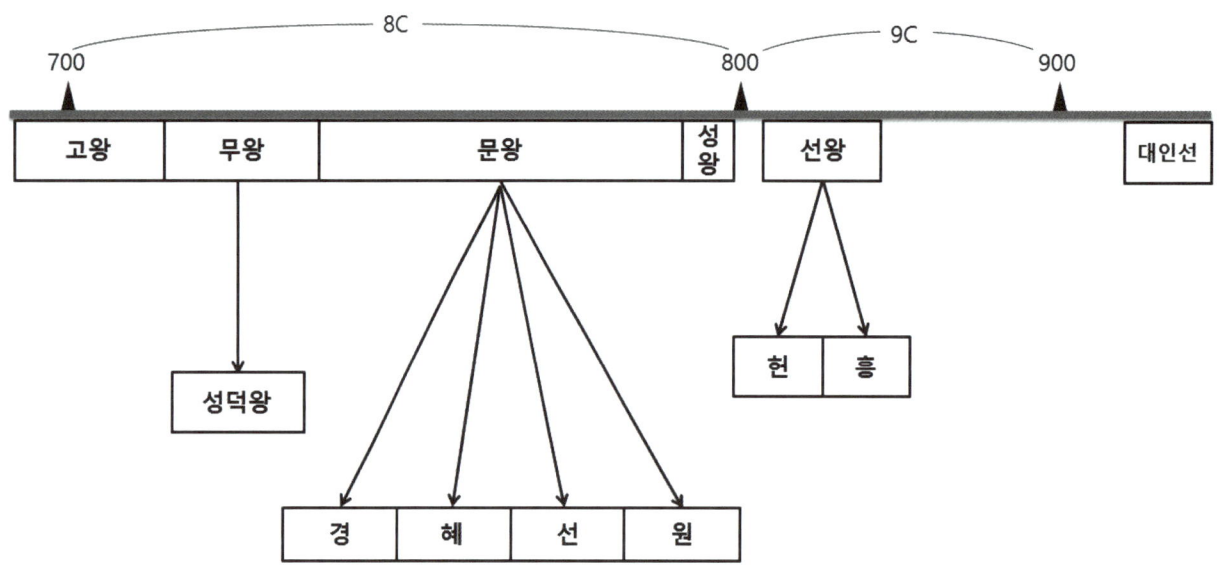

'발해' 기출문장 괄호 넣기 연습

01 (   )은 「발해고」를 저술하여 발해사 연구를 심화하였다.

02 대인선 때 (   )에 의해 홀한성이 포위되었다.

03 문왕 때 (   )에서 상경용천부로 도읍을 옮겨 발전의 기틀을 마련하였다.

04 발해는 당의 수도인 (   )을 본떠 상경성을 바둑판 모양으로 반듯하게 구획하였다.

05 (　　　　) 때 영토 확장에 힘을 기울여 동북방의 여러 세력을 복속하고 북만주 일대를 장악하였다.

06 (　　　　) 때 국왕을 '대왕'이라 표현한 정혜공주의 묘비가 만들어졌다.

07 무왕 때에 (　　　　), 일본 등과 외교관계를 맺어 당과 신라를 견제하였다.

08 발해 건국세력이 처음으로 터를 잡았던 동모산(東牟山)은 오늘날의 연변 조선족 자치주 돈화시에 있는 (　　　　)으로 여겨진다.

09 발해의 초기 왕족 등 지배층의 무덤인 육정산 고분군은 고구려계 양식인 (　　　　)이다.

10 (　　　　) 무덤은 중국 길림성 화룡현의 용두산(龍頭山) 고분군에 있는 벽돌무덤이다.

11 발해는 통치 조직은 당의 제도를 수용하였으나 명칭과 운영에서 독자성이 나타난다. 관청의 명칭을 (　　　　)으로 변화시켜 사용하였으며, (　　　　)과 (　　　　)이 각각 3부씩 나누어 맡는 이원적 통치체제를 운영하였다.

12 발해의 왕이 스스로를 '고려국왕 대흠무'라고 불렀던 때에 통일 신라에서는 귀족 세력의 반발로 (　　　　)이 부활되었다.

13 발해의 (　　　　)은 당의 영향을 받은 전탑이다.

단답형으로 생각 키우기

01 ① 홀본의 산성(山城)은? ② 동모산의 산성(山城)은?

02 다음 괄호를 채우세요.

① 위만은 (　　　　)(秦)·한 교체기에 무리 1,000여 명을 이끌고 고조선으로 이주하였다.
② 위만은 한과 (　　　　)(辰) 사이의 중계무역으로 이익을 독점하였다.
③ 준왕은 (　　　　)(辰國)으로 가서 한왕(韓王)이라 칭하였다.
④ 목지국의 지배자는 마한왕 또는 (　　　)(辰王)으로 추대되었다.
⑤ 근초고왕은 (　　　)(東晉)과 친교하였다.
⑥ 인도의 고승 마라난타가 (　　　)(東晉)을 거쳐 백제로 들어와 불교를 전래하였다.
⑦ 소수림왕은 (　　　)(前秦)과 친교하였다. (　　　　)(前秦)의 왕 부견이 순도를 시켜 불상과 불경을 고구려에 전하였다.
⑧ 내물마립간은 고구려를 통해 (　　　　)(前秦)의 왕 부견에게 사신을 파견하였다.
⑨ 발해의 건국 당시의 국호는 (　　　　)(震)이었다. **cf.** (　　　)(震國).

03 발해 무왕의 ① 동생 이름은? ② 장수의 이름은?

04 "주사도 주신대 황당혜효." 무엇을 줄인 말인가?

05 발해는 일본에 보낸 국서에서 (　　　　)임을 자부하였다. 괄호에 들어갈 말은?

06 다음 질문에 답하세요.

① '해동성국'이라 부른 때는?
② '해동증자'는 누구인가?
③ '해동공자'는 누구인가?
④ '해동종'은 누가 창시했나?
⑤ '해동화엄종'의 시조는?
⑥ '해동천태종'은 누가 창시했나?
⑦ '해동고승전'은 누가 썼나?
⑧ '해동청'을 키우는 관청은?
⑨ '해동통보'를 발행한 왕은?
⑩ '해동제국기'는 누가 썼나?
⑪ '해동농서'는 누가 썼나?
⑫ '해동역사'는 누가 썼나?

THEME 10 고대사회의 비교

 명호쌤의 한마디

- 삼국시대 및 통일신라 시대의 왕의 업적을 암기할 때엔 1) 같은 세기의 왕, 2) 같은 국가의 왕, 3) 같은 업적의 왕, 4) 대립 관계의 왕을 연결지어 암기하여야 한다.

단답형으로 생각 키우기

01 다음 시기의 중국 왕조는?

시 기	왕 조
① 기원전 2세기~기원후 2세기	
② 3세기	
③ 4세기	
④ 5세기~6세기	
⑤ 6세기말~7세기초	
⑥ 7세기~9세기	
⑦ 10세기 전반	
⑧ 10세기 후반~13세기	

02 다음은 중앙집권국가의 특징이다. 관련된 왕을 쓰시오.

구 분	고구려	백제	신라
부자 상속			
율령 반포			
역사서 편찬			

03 고국천왕의 업적은? (3개)

04 소수림왕의 업적은? (4개)

05 ① 담징이 활동한 시기와 ② 담징이 일본에 전해준 것은?

06 백제의 관미성을 함락시킨 왕은?

07 신라의 대야성을 함락시킨 왕은?

08 신라 이벌찬 비지의 딸과 결혼한 백제의 왕은?

09 백제 웅진 시대의 주요 사건은?

왕	주요 사건
문주왕	웅진 천도
동성왕	(　　　　　　　　), 탐라국 복속
무령왕	중국 남조의 양과 수교, (　　　)에 왕족 파견, '다시 강국이 되었다', 일본에 단양이와 고안무를 파견하였다.

10 근초고왕의 업적은?

구분	업적
친선	왜, (　　　　), 가야
정복 활동	고구려, 규슈, 마한, 산둥반도, (　　　　　)
기타	고흥「(　　　　)」, 부자상속

11 목탑 양식을 계승한 백제의 석탑은? (2개)

12 백제 성왕 때의 승려는? (2인)

13 신라의 왕호 변천 5단계는?

14 마립간 시대의 주요 사건은?

마립간	주요 사건
내물 마립간	김씨 왕위 계승권 확립, 왜구 격퇴, (　　　　　　)에게 사신 파견
실성 마립간	–
눌지 마립간	(　　　　), 불교 수용, 부자상속
자비 마립간	수도의 방리 명칭 제정
소지 마립간	최초의 시장 설치, (　　　　) 설치, 결혼동맹, 관도 수리

15 지증왕의 업적은?

구분	업적
국호, 왕호	①
정책적 실시	우경 실시
금지된 장례 풍속	순장 금지
시장 감독 관청	②
정복 활동	③
소경	④

16 고구려, 백제, 신라, 통일신라의 대표적인 역사가는? (각 1인)

시대	역사가	역사서
고구려		신집 5권
백제		서기
신라		국사
통일신라		화랑세기, 고승전, 한산기, 계림잡전, 악본

17 다음 연도에 신라에서 있었던 일은?

연도	사건
553년	
554년	
555년	
556년	

18 돌궐과 친한 나라는? (2개)

19 고구려의 천리장성과 고려의 천리장성의 구간은?

20 진흥왕이 건립한 순수비는? (4개)

21 ① 관료전 지급 및 녹읍 혁파, ② 정전 지급, ③ 녹읍 부활의 왕은?

22 신문왕 때의 주요 사건 및 업적은?

구분	사건 및 업적
귀족 세력의 반란(681)	① (　　　　)의 난
보덕국 대문의 반란(684)	금마저 반란 진압
중앙 정치기구 정비	② (　　　　), (　　　　) 설치
지방 행정조직 완비	③ (　　　　), (　　　　) 설치
군사 정비	9서당 10정 정비
토지 제도	④ (　　　　) 지급(687), (　　　　) 폐지(689)
국립 대학	⑤ (　　　　) 설립
설화	만파식적 설화
천도 시도	달구벌 천도 시도

23 고구려, 백제, 신라의 관등 명칭은?

구분	고구려	백제	신라
관등 체계	10여 관등	16관등	17관등
관복(공복)	–	3색(자, 비, 청)	4색(자, 비, 청, 황)
관등 명칭(○계 관등)			

24 반(半)독립적 세력이 활동한 시기는?

25 신라 하대의 특징은?

구분	특징
① 대표적인 반란(4개)	
② 관리 채용 제도	
③ 향가집	
④ 불상	
⑤ 마애석불(2개)	
⑥ 석탑(2개)	
⑦ 유행한 사상(2개)	

26 말갈과 관련하여, ① 숙신(읍루) 복속, ② 흑수말갈 공격, ③ 대부분의 말갈족 복속한 왕은?

27 고조선, 고구려, 백제, 신라, 발해, 고려의 마지막 왕은?

28 '3년마다' ① 상좌평을 선출한 백제의 회의, ② 촌주가 작성한 문서, ③ ○○ 조사, ④ 시행한 조선의 과거는?

29 각 시대가 영향을 준 일본의 문화(토기)는?

시대	일본 문화
① 신석기 토기	
② 청동기 토기	
③ 가야 토기	
④ 삼국 문화	
⑤ 통일신라 문화	
⑥ 조선 전기 미술	

30 다음은 누구인가?

구분	이름
① 부왕의 아들	
② 주몽의 아들(3명)	
③ 연개소문의 아들(3명)	
④ 내물 마립간의 아들(2명)	
⑤ 김헌창의 아들	
⑥ 원효의 아들	
⑦ 문무왕의 아들	
⑧ 견훤의 첫째 아들	
⑨ 문종의 넷째 아들	
⑩ 충숙왕의 둘째 아들	
⑪ 인조의 둘째 아들	
⑫ 장희빈의 아들	
⑬ 최무선의 아들	
⑭ 서호수의 아들	

THEME 11 관청

> **명호쌤의 한마디**
>
> - 우리 역사에 등장하는 다양한 관청의 설치 시기와 설치 목적을 정확히 알게 되면, 그 시대가 나아가는 방향도 파악할 수 있게 된다.

단답형으로 생각 키우기

01 발해 3성과 고려 2성의 명칭 및 장관은?

국가	기관	명칭 및 장관
발해	3성	①
	6부	충부, 인부, 의부, 지부, 예부, 신부 (각 부 장관 : 경)
고려	2성	②
	6부	이부, 병부, 호부, 형부, 예부, 공부 (각 부 장관 : 판사)
조선	–	의정부
	6조	이조, 호조, 예조, 병조, 형조, 공조 (각 부 장관 : 판서)

02 각 시대별 관청 및 조직의 장관을 쓰시오.

구분	장관의 명칭
① 고구려의 지방 장관	
② 백제의 지방 장관	
③ 신라의 지방 장관	
④ 집사부의 장관	
⑤ 신라의 중앙 장관	
⑥ 5소경의 장관	
⑦ 발해 6부의 장관	
⑧ 발해의 지방 장관	
⑨ 정당성의 장관	
⑩ 중서문하성의 장관	
⑪ 고려의 지방 장관	
⑫ 교정도감의 장관	
⑬ 정동행성의 장관	

⑭ 의금부의 장관	
⑮ 홍문관의 장관	
⑯ 성균관의 장관	
⑰ 한성부의 장관	

03 각 시대의 '법무부'는?

시대	법무부의 명칭
백제	
통일신라	
발해	
원간섭기	

04 발해의 ① 감찰 기관, ② 서적 관리 기관, ③ 재정기관은?

05 집사부의 ① 설치 시기, ② 장관, ③ 장관의 권한 강화 시기, ④ 장관 아래 직급은?

06 다음을 설치한 왕은?

① 남당 설치(　　) ② 22담로 설치(　　) ③ 동시전 설치(　　)
④ 병부 설치(　　) ⑤ 신주 설치(　　) ⑥ 위화부 설치(　　)
⑦ 사정부 설치(　　) ⑧ 패강진 설치(　　) ⑨ 독서삼품과 설치(　　)
⑩ 청해진 설치(　　) ⑪ 주자감 설치(　　) ⑫ 국학 설치(　　)
⑬ 광평성 설치(　　) ⑭ 흑창 설치(　　) ⑮ 수서원 설치(　　)
⑯ 남경 설치(　　) ⑰ 팔성당 설치(　　) ⑱ 정방 설치(　　)
⑲ 만권당 설치(　　) ⑳ 정치도감 설치(　　) ㉑ 양현고 설치(　　)
㉒ 응방 설치(　　) ㉓ 순마소 설치(　　) ㉔ 정동행성 설치(　　)
㉕ 남경개창도감 설치(　　) ㉖ 의염창 설치(　　) ㉗ 화통도감 설치(　　)
㉘ 금화도감 설치(　　) ㉙ 간경도감 설치(　　) ㉚ 비변사 설치(　　)
㉛ 훈련도감 설치(　　) ㉜ 삼정이정청 설치(　　) ㉝ 창해군 설치(　　)
㉞ 서원소경 설치(　　) ㉟ 우이방부 설치(　　) ㊱ 도병마사 설치(　　)
㊲ 남시전 설치(　　) ㊳ 12목 설치(　　) ㊴ 제위보 설치(　　)
㊵ 경시서 설치(　　) ㊶ 광군사 설치(　　) ㊷ 경사교수도감 설치(　　)
㊸ 삼군도총제부 설치(　　) ㊹ 관상감 설치(　　) ㊺ 장례원 설치(　　)
㊻ 승정원 설치(　　) ㊼ 홍녕부 설치(　　) ㊽ 교정도감 설치(　　)

07 다음 행정 구역의 명칭은?

구분	행정 구역의 명칭
① 고려의 5도	경상도, 전라도, ( ), ( ), ( )
② 고려의 양계	( ), ( )
③ 고려의 3경	개경, 서경, 동경 → 개경, 서경, ( )
④ 조선의 4유수부	개성, 강화, ( ), ( )

08 다음에서 설명하는 정치기구는?

구분	정치기구
① 양계의 군사에 대한 상벌, 군사훈련, 국경문제 등 국방 관계의 일을 관장한 고려시대의 정치기구	
② 국방문제뿐만이 아니라 민사 문제까지 총괄하는 최고 상설 정무기관이 되어 도당이라고 불리기도 했던 원간섭기의 정치기구	
③ 의정부와 6조 중심의 행정 체계를 유명무실하게 만든 조선 중기 이후의 정치기구	

09 고려 시대에 송의 관제를 받아들여 설치한 관청은? (2개)

10 각 시대의 감사원(감찰 기능)은?

구분	감사원 명칭
① 통일신라	
② 발해	
③ 고려	
④ 원간섭기	
⑤ 조선	

11 고려와 조선의 경관별 그룹 명칭은?

구분	관청들의 명칭
① 고려의 대간(臺諫)	
② 조선의 대간(臺諫)	
③ 조선의 양사(兩司)	
④ 조선의 3사(三司)	
⑤ 조선의 4관(四館)	

12 원간섭기에 ① 2성, ② 6부, ③ 중추원은 무엇으로 격하되었는가?

13 고려 시대에 향, 부곡, 소가 일반 군현으로 승격된 사례는? (2개)

14 고려 왕들의 정치 개혁 기구는?

왕	정치 개혁 기구
① 충선왕	
② 충숙왕	
③ 충목왕	
④ 공민왕	

15 조선시대 당상관, 참상관의 기준은?

구분	기준
당상관	
참상관	

16 ① 고려 말의 순군부를 개편한 왕 직속의 상설 사법기관, ② 중인이 과거에 급제하면 관례적으로 임용되었던 조선시대의 관청은?

17 비변사의 변천과 관련된 왕은?

비변사의 변천	왕
① 비변사 설치(임시회의기구)	
② 정식 관청(상설기구)	
③ 최고 정무기관의 역할 담당(권한 크게 확대)	
④ 비변사 견제(의정부 강화)	
⑤ 비변사 폐지(의정부, 삼군부 부활)	

18 왕권 강화를 위해 설치한 비서 기구(왕명 출납 기구)는?

시대	기구(관청) 명칭
① 통일신라	
② 고려	
③ 조선	

19 다음은 조선시대 어느 관청의 별칭인가?

① 도당·황각(　　　　)
② 백부·상대·오대(　　　　)
③ 은대·대언사(　　　　)
④ 옥당(　　　　)
⑤ 천관(　　　), 지관(　　　), 춘관(　　　), 하관(　　　), 추관(　　　), 동관(　　　)

20 괄호 안에 공통적으로 들어갈 말은?

• (　　　　)은 경적(經籍)의 인쇄·반포(頒布) 및 향축(香祝)·인전(印篆)의 일을 담당한다.
• 조선 후기에는 중인이 과거에 급제하면 (　　　　)에 임용되는 것이 관례였다.
• (　　　　)은 조선 초기 140여 명의 인쇄공이 소속된 최대 인쇄소였다.

THEME 12 왕의 업적

 명호쌤의 한마디

- 유사한 업적을 이룬 왕을 모아서 이해하고, 왕의 연관 인물을 파악하고, 각 왕을 상징하는 사료를 미리 숙지하는 것이 중요하다.

왕의 다른 이름

번호	왕	다른 이름
1	고구려 동명왕	• 부여의 속어에 활 잘 쏘는 것을 ( )이라 하니, 이로써 이름을 삼았다.
2	고구려 고국원왕	• 고구려의 왕 ( )가 힘을 다해 싸워 막다가 빗나간 화살에 맞아 죽었다.
3	고구려 광개토대왕	• 을묘년국강상광개토지( )호우십(乙卯年國岡上廣開土地好太王壺杅十) • 광개토대왕의 이름은 ( )이며, 장수왕의 아버지이다.
4	고구려 장수왕	• ( )이 군사 3만 명을 이끌고 와서 한성을 포위하였다.
5	백제 개로왕	• 장수왕은 ( )을 죽이고 8천여 명을 사로잡아 돌아왔다.
6	백제 동성왕	• 소지 마립간 때 이벌찬 비지의 딸과 ( )가 결혼했다.
7	백제 무령왕	• 영동대장군인 백제 ( )은 나이가 62세 되는 계묘년 5월 임진일인 7일에 돌아가셨다.
8	백제 성왕	• 백제왕 ( )이 침공하니 …… 삼년산군 고간(高干) 도도(都刀)가 백제왕을 공격하여 죽였다.
9	신라 무열왕	• 대야성의 패전에서 도독 품석의 아내도 죽었는데, 그녀는 ( )의 딸이었다. • 진덕왕이 죽자, 여러 신하들이 이찬 알천에게 섭정하기를 청하였다. …… 마침내 ( )를 봉하여 왕으로 삼았다.
10	신라 경순왕	• 태조 왕건은 ( )를 경주의 사심으로 삼았다.
11	발해 고왕	• ( )이 동모산에서 진국(震國), 즉 발해를 건국하였다.
12	조선 영조	• ( )의 대리청정을 주장한 김창집, 이이명 등이 처형당하였다.

왕의 연관 인물

번호	왕(재위기간)	연관 인물
1	고국천왕 (179~197)	진대법 실시 :
2	영양왕 (590~618)	① 신집 5권 : ② 아차산성에서 전사 : ③ 일본에 종이·먹 제조법 전파 : ④ 살수대첩 : ⑤ 쇼토쿠 태자의 스승 :
3	백제 성왕 (523~554)	일본에 불교 전파 :
4	진흥왕 (540~576)	① 「국사」 편찬 : ② 대가야 정복 : ③ 대가야에서 악기를 가지고 투항 : ④ 원화의 대표 : ⑤ 불교 교단 정비 : ⑥ 관산성 전투에서 백제왕 살해 :
5	선덕여왕 (632~647)	대국통, 황룡사 9층탑 조성 건의 :
6	진평왕 (579~632)	세속오계, 걸사표 :
7	의자왕 (641~660)	① 대야성 전투 : ② 황산벌 전투 : ③ 불당과 불탑 건립 :
8	무열왕 (654~661)	이찬 (　　　　)의 사양으로 왕에 즉위
9	문무왕 (661~681)	① 왕의 동생, 평양성 함락 : ② 왕에게 축성(築城) 만류 : ③ 「청방인문표」, 「답설인귀서」 :
10	신문왕 (681~692)	① 왕의 장인, 반란 주동자 : ② 왕의 두 번째 장인 : ③ 「화왕계」 :
11	혜공왕 (765~780)	① 대렴과 반란 : ② 상대등의 반란, 김양상이 진압 :

12	흥덕왕 (826~836)	청해진 대사 :
13	진성여왕 (887~897)	① 「삼대목」 편찬 : ② 농민 반란 : ③ 시무십여조 상소 :
14	견훤 (892~935)	① 견훤이 살해한 신라 왕 : ② 견훤을 지지한 인물(신라 3최 중의 한 명) : ③ 견훤의 장남 :
15	고려 태조 (918~943)	① 왕이 받아준 발해 세자 : ② 왕을 지지한 인물(신라 3최 중의 한 명) :
16	광종 (949~975)	① 후주 출신 개혁가 : ② 귀법사의 주지 : ③ 「천태사교의」 : ④ 중국 천태종 제16조(祖) :
17	성종 (981~997)	① 시무 28조 상소 : ② 거란과 외교 담판(강동 6주 확보) :
18	현종 (1009~1031)	① 귀주대첩 : ② 왕의 어머니 :
19	문종 (1046~1083)	9재 학당(문헌공도) :
20	숙종 (1095~1105)	① 화폐 발행을 건의한 동생(승려) : ② 별무반 설치 건의 : ③ 남경개창도감 설치 건의 :
21	인종 (1122~1146)	① 이자겸의 난 : ② 묘청의 서경천도 운동 : ③ 「(선화봉사) 고려도경」 :
22	명종 (1170~1197)	① 무신들(5명) : ② 문신의 반란(계사의 난) : ③ 서경 유수 : ④ 공주 명학소 : ⑤ 무신정권 최대의 반란 :
23	고종 (1213~1259)	① 무신(최씨 3명) : ② 「동명왕편」 : ③ 몽골의 1차 침입 방어 : ④ 살리타 사살, 섭랑장, 충주산성 방호별감 :

24	충렬왕 (1274~1308)	① 왕의 아내 : ② 성리학 도입 : ③ 일부다처제 주장 :
25	공민왕 (1351~1374)	① 왕의 아내 : ② 전민변정도감 : ③ 임제종 도입 : ④ 성균관 대사성 : ⑤ 쌍성총관부 공격 : ⑥ 「사략」 저술 : ⑦ 목화씨 전래 :
26	조선 태조 (1392~1398)	① 「조선경국전」, 「경제문감」 : ② 「경제육전」 :
27	태종 (1400~1418)	① 왕이 죽인 인물 　(1) 조선 건국 직전 온건 신진사대부 : 　(2) 태조 때, 제1차 왕자의 난 : 　(3) 정종 때, 제2차 왕자의 난 : ② 혼일강리역대국도지도 제작 :
28	세종 (1418~1450)	① 청백리 재상 : ② 아악 정리 : ③ 쓰시마 정벌 : ④ 측우기 발명 : ⑤ 「농사직설」 : ⑥ 몽유도원도 : ⑦ 4군 6진 개척 :
29	세조 (1455~1468)	유향소 폐지 관련 반란 :
30	성종 (1469~1494)	① 「동문선」, 「필원잡기」 : ② 「국조오례의」, 「해동제국기」 : ③ 「금양잡록」 :
31	연산군 (1494~1506)	① 무오사화 : ② 갑자사화 : ③ 서얼 출신 도적 :
32	중종 (1506~1544)	① 기묘사화 : ② 백운동 서원 : ③ 「이륜행실도」 :

33	명종 (1545~1567)	① 을사사화 : ② 숭불 정책 : ③ 백정 출신 도적 : ④ 조선방역지도 :
34	선조 (1567~1608)	① 훈련도감 설치 건의, 속오군 설치 건의 : ② 왕에게 광해군을 세자로 책봉하자고 건의 : ③ 기축옥사 : ④ 임진왜란 관군(7명) :
35	광해군 (1608~1623)	① 중립외교 : ②「홍길동전」: ③「동의보감」: ④「동국지리지」: ⑤「지봉유설」:
36	인조 (1623~1649)	① 인조반정 공훈 평가 불만 : ② 정묘호란 의병 : ③ 병자호란 주전파 : ④ 병자호란 주화파 : ⑤ 병자호란 관군 장수 :
37	현종 (1659~1674)	예송논쟁 때 상복을 입은 여인(복제 시비의 원인) :
38	숙종 (1674~1720)	① 북벌 : ② 탕평론 : ③ 환국 : ④ 울릉도 : ⑤「산림경제」: ⑥「색경」:
39	영조 (1724~1776)	① 청주성을 함락시킨 반란 : ②「택리지」: ③ 인왕제색도, 금강전도 :

번호		내용
40	정조 (1776~1800)	① 초계문신, 암행어사, 주교, 「마과회통」 : ② 규장각 검서관 : ③ 왕의 아버지 : ④ 왕의 어머니 : ⑤ 왕의 외할아버지 : ⑥ 최초 세례자 : ⑦ 신주 소실 사건 : ⑧ 문체반정 : ⑨ 「해동농서」 :
41	순조 (1800~1834)	① 신유박해 : ② 서북 지역 차별에 항거한 반란 : ③ 「임원경제지」 : ④ 1표 2서 :
42	철종 (1849~1863)	① 임술농민봉기 : ② 대동여지도 : ③ 동학 창시 :

왕의 업적(사건별)

번호	발생한 사건	왕(시기)
1	명과의 관계가 호전되었다.	조선 태종(15세기)
2	불교를 공인하고, 태학을 설립하였다.	
3	수도를 웅진으로 옮겼다.	
4	금관가야를 정복하여 영토를 확장하였다.	
5	사림원을 설치하였다.	
6	문익점이 목화씨를 가져왔다.	
7	관료전을 지급하고, 녹읍을 폐지하였다.	
8	중앙 관청을 22부로 확대 정비하였다.	
9	통공정책을 실시하여 육의전을 제외한 금난전권을 폐지하였다.	
10	낙랑군과 대방군을 축출하고 대동강 유역을 확보하였다.	
11	상대등 김양상이 군사를 출동시켜 김지정을 죽였다.	
12	향가집 삼대목을 편찬하게 하였다.	
13	이중환의 「택리지」가 간행되었다.	
14	강홍립이 후금에 투항하였다.	

15	집사부의 장관인 시중의 기능을 강화하였다.	
16	새로운 도성 수비체제를 만들었다.(수성윤음)	
17	장문휴의 수군으로 당의 산동 지방을 공격하게 하였다.	
18	국자감에 7재라는 전문강좌를 설치하였다.	
19	향약구급방이 간행되었다.	
20	"영락 6년…… 몸소 수군을 이끌고 잔국을 토벌하였다."	
21	백제 동성왕과 혼인 동맹을 맺었다.	
22	96각간의 난이 일어났다.	
23	후연과 거란을 격파하여 요동과 만주 지역을 차지하였다.	
24	불교식 왕명을 쓰기 시작하였다.	
25	16품의 관등제와 백관의 관복제가 도입되었다.	
26	후당, 오월과도 통교하는 등 대중국 외교에 적극적이었다.	
27	대가야를 정복하여 낙동강 서쪽을 장악하였다.	
28	5경 15부 62주의 지방 통치 체제를 완비하였다.	
29	최세진은 「훈몽자회」에서 한자의 음과 뜻을 우리말로 해설하였다.	
30	거란의 침입을 대비하기 위해 광군을 조직하였다.	
31	무학재를 폐지하고 경사 6학으로 국학의 제도를 정비하였다.	
32	거칠부로 하여금 역사서인 「국사」를 편찬하게 하였다.	
33	빈민 구제기관인 흑창을 설치하였다.	
34	4군 6진을 개척하였다.	
35	처음으로 병부를 설치하여 직접 병권을 장악하였다.	
36	김흠돌의 모역 사건을 계기로 귀족 세력을 숙청하였다.	
37	현존하는 동양에서 가장 오래된 세계지도가 제작되었다.	
38	양인의 수를 확보하기 위해 노비종모법을 확정하였다.	
39	독서삼품과를 설치하여 인재를 등용하였다.	
40	여진족과 왜구 침입에 대비하여 비변사를 임시기구로 설치하였다.	
41	국호를 남부여로 고쳤다.	
42	고흥으로 하여금 「서기」를 편찬하게 하였다.	
43	일본에 사신을 보내면서 스스로를 '고려 국왕 대흠무'라고 불렀다.	
44	백정 출신이 몰락한 사림, 아전, 평민 등을 규합하여 구월산을 본거지로 의협활동을 전개하였다.	
45	서북면 도순검사였던 강조가 천추태후 일파를 숙청하였다.	
46	농민들은 향임 유계춘의 지휘 아래 진주성을 점령하기도 하였다.	
47	최충헌의 사노 만적이 신분해방을 외치며 반란을 일으켰다.	

48	대유둔전이라는 국영농장을 설치하였다.	
49	훈요십조를 통해 숭불과 풍수지리를 강조하였다.	
50	9서당 10정이 정비되었다.	
51	귀족세력의 반발로 인하여 녹읍이 부활되었다.	
52	「경국대전」의 편찬을 완료하여 반포하였다.	
53	원종·애노의 난이 일어났다.	
54	동문휘고가 편찬되었다.	
55	을지문덕이 살수에서 수양제의 군대를 크게 격파하였다.	
56	분황사를 건립하였다.	
57	고구려에 한강 이북을 빼앗겼다.	
58	김헌창의 난이 일어났다.	
59	해동성국이라 불렸다.	
60	노비안검법을 실시하였다.	
61	기사환국이 발생하여 송시열이 사사되고 남인이 재집권하였다.	
62	이자겸이 난을 일으켜 권력을 장악하였다.	
63	최충헌이 봉사 10조의 사회 개혁책을 제시하였다.	
64	최명길이 주화론을 주장하였다.	
65	이수광이 「지봉유설」을 편찬하였다.	
66	균여를 등용하여 불교통합을 시도하였다.	
67	정치도감을 설치하였다.	
68	정동행성의 부속기구인 이문소를 폐지하였다.	
69	"청컨대 외관(外官)을 두소서."	
70	북벌계획에 따라 어영청을 정비, 강화하고 이완을 어영대장으로 하였다.	
71	상평통보를 법화로 채택하여 유통시켰다.	
72	상행위를 감독하기 위해 경시서를 설치하였다.	
73	의천의 건의로 활구가 만들어졌다.	
74	안향이 성리학을 처음 소개하였다.	
75	신들의 생각으로는 신(新)은 '덕업이 날로 새로워진다'는 뜻이고 나(羅)는 '사방을 망라한다.'는 뜻이므로, 이를 국호로 삼는 것이 마땅하다고 여겨집니다.	
76	「삼강행실도」를 간행하였다.	
77	원나라 화풍의 영향을 받은 천산대렵도가 그려졌다.	
78	최승로의 시무 28조를 채택하여 정책에 반영하였다.	
79	개정 전시과를 실시하였다.	

80	이사부를 파견하여 우산국을 복속시켰다.	
81	서경 유수 조위총이 평양 지역에서 반란을 일으켰다.	
82	영산강 유역에 남아있던 마한 세력을 정벌하였다.	
83	귀주대첩으로 거란 소배압의 세력을 섬멸하였다.	
84	소론과 남인의 강경파가 주도하여 이인좌의 난을 일으켰다.	
85	호패법을 처음으로 시행하였다.	
86	삼배구고두(三拜九叩頭)의 예를 평지에서 행하였다.	
87	개혁기구인 찰리변위도감을 설치하였다.	
88	북위에 군사적 원조를 요청하였으나, 한강 유역을 빼앗겼다.	
89	을묘왜변이 일어났다.	
90	쌍기의 건의에 따라 과거제도를 실시하였다.	
91	사법기관인 의금부를 설치하였다.	
92	서얼의 완전한 청요직 허통이 이루어졌다.	
93	마립간 칭호를 사용하기 시작했다.	
94	조광조가 소격서를 폐지하였다.	
95	「조선경국전」이 간행되었다.	
96	이시애의 난을 계기로 유향소를 폐지하였다.	
97	지방의 22담로에 왕족을 파견하였다.	
98	백제의 비유왕과 나·제 동맹을 맺었다.	
99	군역의 부담을 줄여주기 위하여 균역법을 시행하였다.	
100	삼수병으로 편성된 훈련도감이 설치되었다.	
101	김종직 등 영남 사림을 등용하여 훈구세력을 견제하였다.	
102	"의정부는 가부를 헤아린 연후에 왕에게 아뢰어 왕의 전지를 받아 6조에 내려 보내어 시행한다."	
103	신하들에게 신언패(愼言牌)를 목에 달고 다니게 했다.	
104	석굴암과 불국사를 창건하였다.	
105	양현고라는 장학 재단을 설립하여 국학의 재정 기반을 강화하였다.	
106	계해약조를 맺어 세견선을 50척, 세사미두를 200섬으로 제한하였다.	
107	광평성을 설치하였다.	
108	「동국통감」을 편찬하였다.	
109	왕규를 처단함으로써 왕실을 보전하였고, 서경천도를 강행함으로써 백성들에게서 원성을 샀다.	
110	최충이 문헌공도를 설립하였다.	
111	북연(北燕) 왕인 풍홍을 둘러싸고 북위 및 송과 갈등을 빚었다.	

112	지방행정조직을 5도 양계로 개편하였다.	
113	김부식이 삼국사기를 저술하였다.	
114	경연에서 신하들이 '붕당이 나누어지는 것은 전랑으로부터 비롯되었으므로 그 권한을 없애야 합니다'라고 하였다. 왕도 역시 이를 인정하여 이조 낭관과 한림들이 자신의 후임을 자천하는 제도를 폐지하도록 명하였다.	
115	주자소를 설치하고 계미자를 주조하였다.	
116	천주교 신자를 박해하는 과정에서 '황사영 백서사건'이 일어났다.	
117	농민들의 불만을 무마하기 위해 삼정이정청을 설치하였다.	
118	왕이 행차에서 돌아와 그 대나무로 피리를 만들었는데, 이 피리를 불면, 적병이 물러가고 병이 나으며, 가뭄에는 비가 오고 장마는 개며, 바람이 자자지고 물결이 평온해졌다.	
119	회령에서 니탕개(泥湯介)가 반란을 일으켰다.	
120	영묘사를 건설하였다.	
121	오언태평송(五言太平頌)을 지어 당에 보냈다.	
122	중국에 36명의 승려를 파견하여 법안종을 배우도록 하였다.	
123	병법서인 「무예도보통지」를 편찬하였다.	
124	밀랍 대신 식자판을 조립하는 방법으로 인쇄 기술이 더욱 발전하였다.	
125	사심관 제도를 실시하였다.(김부를 경주의 사심으로 삼았다.)	
126	석탑 내부에서 사리 봉안기가 발견되었다.	
127	별무반을 편성하였다.	
128	주세붕이 백운동 서원을 세웠다.	
129	『국조오례의』가 편찬되고 『동국여지승람』이 만들어졌다.	
130	주현공거법 시행으로 향리의 자제에게 과거 응시 자격을 부여하였다.	
131	향리의 공복을 제정하였다.	
132	한강 유역을 장악하고 한 군현과 대립하였다.	
133	동진과 국교를 맺고 요서 지방에 진출하였다.	
134	부족적인 전통을 지녀 온 5부가 행정적 성격의 5부로 개편되었다.	
135	신라가 세습왕권을 확립하고 지금의 경상북도 일대를 장악하게 되었다.	
136	자색, 단색, 비색, 녹색으로 백관의 공복을 제정하였다.	
137	중앙문관에게는 문산계를, 지방호족인 향리와 노병 등에게는 무산계를 부여하는 등 관료와 호족들의 서열화를 더욱 확실하게 만들었다.	
138	홍건적의 침입으로 복주까지 피난하는 등 국가적 위기를 맞았다.	
139	당이 신라왕을 계림주 대도독으로 임명하였다.	
140	후궁이 낳은 왕자가 세자로 책봉되는 과정에서 서인이 몰락하고 남인이 집권하였으며, 송시열과 김수항 등이 처형당하였다.	

141	병조판서 김석주의 건의에 따라 국왕 호위와 수도 방위의 핵심 군영 중 하나인 금위영이 설치되었다.	
142	관직과 주현의 이름을 중국식 한자로 바꾸었다.	
143	민간의 광산개발 참여를 허용하는 설점수세제를 처음 실시하였다.	
144	달솔 노리사치계를 왜에 보내 석가여래상과 불경을 전했다.	
145	"청컨대 경기 8현을 품등에 따라 녹과전으로 지급하소서."	
146	전륜성왕을 자처하고 황상이라는 칭호를 사용하였다.	
147	지방관이 없는 속군에 감무를 파견하였다.(우봉·파평 등의 지역에 감무관을 파견하였다.)	
148	개성부를 경중(京中) 5부와 경기로 구획하였다.	
149	삼남지방에 대한 양전사업이 완료되었고, 세종 때 설치했다가 폐지한 폐사군의 일부를 복설하였다.	
150	부모의 명복을 빌고자 현화사를 창건하였다.	
151	안용복이 울릉도와 우산도(독도)에 출몰하는 왜인을 쫓아내고 일본 당국과 담판하여 그곳이 우리의 영토임을 승인받았다.	
152	궁예가 국호 마진을 태봉으로 바꾸었다.(신라의 왕)	
153	양길이 부하를 보내 명주 관할 군현을 공격하였다.	
154	중앙 관제로 당과 비슷한 3성 6부제를 시행하였다.	
155	예작부를 끝으로 중앙 정치 조직을 완비하였다.	
156	왕이 백관잠(百官箴)을 지어 여러 신하에게 보여 주었다.	
157	복원관(福源觀)을 세워 도가 높은 참된 도사 10여 인을 받들었다.	
158	김위제의 건의로 남경 건설을 추진하였다.	
159	'건원중보'를 만들어 유통시켰으나 널리 이용되지는 못하였다.	
160	「이륜행실도」와 「신증동국여지승람」이 간행되었다.	
161	"어머니는 제국대장공주(齊國大長公主)이다. 부자(父子) 사이는 실로 부끄러운 일이 많았다."	
162	박포가 논공행상에 불만을 품고 난을 일으켰다.	
163	기자(箕子) 사당을 세워 국가에서 제사하였다.	
164	당대등을 호장으로 개칭하였다.	
165	"거열주를 승격하여 청주를 설치하니 비로소 9주가 갖추어져 대아찬 복세를 총관으로 삼았다."	
166	관료를 재교육하는 초계문신제를 실시하였다.	
167	간경도감을 두어 『월인석보』를 언해하여 간행하였다.	
168	거란족 비려의 3개 부락을 격파하고 소, 말, 양을 노획하였다.	

THEME 13 연호

 명호쌤의 한마디

- 우리나라는 일반적으로 중국의 연호를 그대로 사용하였다. 그러므로 우리나라가 연호를 따로 쓴다는 것은 중국의 영향력에서 벗어나려는 노력을 말한다. 그래서 우리나라의 모든 연호는 '독자적인 연호'이다.

시대별 연호

국 명	연 호	왕 명	기 간
고구려	영락(永樂)	광개토 대왕(廣開土大王)	391~412
	건흥(建興)	?	?
신 라	건원(建元)	법흥왕(法興王)	536~550
	개국(開國)	진흥왕(眞興王)	551~567
	대창(大昌)	진흥왕(眞興王)	568~571
	홍제(鴻濟)	진흥왕(眞興王)	572~583
	건복(建福)	진평왕(眞平王)	584~633
	인평(仁平)	선덕 여왕(善德女王)	634~647
	태화(太和)	진덕 여왕(眞德女王)	647~650
발 해	천통(天統)	고왕(高王)	699~719
	인안(仁安)	무왕(武王)	719~737
	대흥(大興), 보력(寶曆)	문왕(文王)	737~793
	중흥(中興)	성왕(成王)	794~795
	정력(正曆)	강왕(康王)	795~809
	영덕(永德)	정왕(定王)	809~813
	주작(朱雀)	희왕(僖王)	813~818
	태시(太始)	간왕(簡王)	818
	건흥(建興)	선왕(宣王)	818~830
	함화(咸和)	이진(彝震)	830~858
마 진	무태(武泰)	궁예(弓裔)	904~905
	성책(聖冊)	궁예(弓裔)	905~910
태 봉	수덕만세(水德萬歲)	궁예(弓裔)	911~913
	정개(政開)	궁예(弓裔)	914~917

고려	천수(天授)	태조(太祖)	918~933
	광덕(光德)	광종(光宗)	950~951
	준풍(峻豊)	광종(光宗)	960~963
대위	천개(天開)	묘청(妙淸)	1135
조선	개국(開國)	고종(高宗)	1894
	건양(建陽)	고종(高宗)	1896~1897
대한제국	광무(光武)	고종(高宗)	1897~1907
	융희(隆熙)	순종(純宗)	1907~1910

단답형으로 생각 키우기

01 "후연을 격파하여 요동 땅을 차지한" 왕은 (　　　　)이라는 독자적인 연호를 사용하였다.

02 "영토 확장에 힘을 기울여 금관가야를 정복한" 왕은 (　　　　)이라는 독자적인 연호를 사용하였다.

03 (　　　　)은 개국(開國), 대창(大昌), 홍제(鴻濟)라는 연호를 사용하였다.

04 다음의 왕 재위 기간에 (　　　　)이라는 독자적인 연호를 사용하였다.

> 신인이 말하기를 "너희 나라는 여자가 왕이 되어 덕은 있으나 위엄은 없다. 황룡사 호법룡은 나의 장자로 범왕의 명을 받아 그 절에 가서 호위하고 있으니 본국으로 귀국하여 절 안에 9층 탑을 조성하면 이웃나라가 항복하고 구한이 와서 조공하여 왕업이 영원히 평안할 것이다." 「삼국유사」

05 발해 (　　　　)은 대흥, 보력 등 독자적인 연호를 사용하였다.

06 궁예가 사용하였던 연호는 (　　　　), (　　　　), (　　　　), (　　　　)이다.

07 왕건은 국호를 고려라 하고 연호를 (　　　　)라고 정하였다.

08 고려 (　　　　)은 광덕, 준풍 등 연호를 사용하였다.

09 묘청은 반란을 일으키면서 국호를 대위(大爲), 연호를 (   ), 그 군대를 천견충의군(天遣忠義軍)이라고 불렀다.

10 (   )은 즉위 후 몽고풍의 의복과 변발을 폐지하고 원의 연호와 관제를 폐지하였다.

11 을미사변과 아관파천 사이에 (   )이라는 연호를 정하였다.

12 "이제부터 청의 연호를 사용하지 않고, (   )을 사용하도록 한다. 우리 조선이 건국된 해를 기준으로 삼아 연도를 표시하도록 하라."

13 (   )는 대한제국 최초의 연호이다.

THEME 14 학교와 교육 제도

- 우리나라만큼 교육열이 높은 나라는 없을 것이다. 그래서 시험에서도 '교육'은 자주 거론되는 주제이다. 시대별 학교와 교육 제도의 변천 과정을 세밀하게 살펴야 한다.

시대별 교육기관 및 교육제도

1	고구려의 지방 교육기관은?	
2	"병부령 이찬 군관은 반역자 흠돌 등과…" 이때 설립된 국립 교육기관은?	
3	"중경, 상경, 동경의 순으로 천도하였다." 이때 설립된 중앙 최고 교육기관은?	
4	고려 시대에 교육 행정을 담당하였던 중앙관부로서 상서성 아래에 있었던 것은?	
5	국자감의 학과 중 유학부에 포함되는 것은? (3개)	
6	국자감의 기술학부 수업연한은?	
7	성균관을 부흥시켜 순수한 유교 교육기관으로 개편한 왕은?	
8	고려 시대에 외국어 교육을 담당하였던 관청은?	
9	고려 시대에 의료 교육을 담당하였던 관청은?	
10	양현고의 부실을 보충하기 위해 충렬왕 때 설치한 교육 재단은?	
11	8, 9세에서 15, 16세까지 입학하였던 조선 시대의 교육기관은?	
12	정부에서 교수와 훈도를 파견하였던 조선 시대의 교육기관은?	
13	"18세기에 1천여 개로 증가하였다." 교육기관은?	
14	당하관 관리를 재교육하기 위한 조선 시대의 제도는?	
15	"덕원 부사 정현석이 장계를 올립니다…." 관련된 학교는?	
16	외국인 교사를 초빙하여 상류층 자제를 교육하였던 근대식 관립학교는?	
17	교육입국조서 반포 시점에 교육을 담당하였던 중앙 관부는?	
18	1906년 이상설이 만주 용정에 설립한 학교는?	
19	"한민족 1천만이 한 사람이 1원씩" 관련된 민족운동은?	
20	"여자 정신대 근무령이 반포되었다." 이때의 초등 교육 기관의 명칭은?	
21	제4차 조선교육령 반포 직후 군사 제도는?	

단답형으로 생각 키우기

01 '왕 재위 2년에 전진 국왕 부견이 승려 순도를 보내며 불상과 경문을 전해왔다.' 이때 설립된 유학 교육 기관은?

02 신문왕 때 국학에 박사와 조교를 두어 가르친 과목은?

03 원성왕 때 관리 채용을 위해 유교 경전의 이해 수준을 시험하였던 제도는?

04 발해 문왕이 귀족 자제들을 가르치기 위해 유학 교육을 목적으로 설치한 학교는?

05 '청컨대 외관을 두십시오'라는 최승로의 건의에 따라 지방관을 파견한 왕이 지방 교육을 위해 파견한 관직은?

06 '낙성 ~ 대빙'의 9재를 나누고 각각 전문 강좌를 개설한 학교가 중심적으로 가르친 과목은?

07 국자감에 7재를 설치하고 양현고를 둔 왕은?

08 국자감의 경사 6학은?

09 경사 6학을 정비하고 지방의 주현에 향학을 증설하여 유교 교육을 확산시킨 왕은?

10 다음에 해당하는 지역은?

구분	지역
① 팔관회 시행 지역	
② 상평창 설치 지역	
③ 수서원 설치 지역	
④ 동서대비원 설치 지역	
⑤ 태조 왕건이 학교를 설립한 지역	
⑥ 만권당 설립 지역	

11 다음을 채워 넣으시오.

구분	숙종	예종	인종
여진과의 대립	별무반 설치	동북9성 개척 및 반환	이자겸의 사대수락
관학 진흥책	①	②	③

12 다음에 해당하는 고려의 왕을 쓰시오.

구분	왕
① 국자감을 정비한 왕	
② 국자감의 명칭을 성균관으로 바꾼 왕	
③ 섬학전을 설치한 왕	
④ 성균관을 순수한 유학 교육 기관으로 개편한 왕	

13 충렬왕 때 경학과 사학을 장려하기 위해 설치한 관청은?

14 고려 시대에 유교 교육 기관에 공자사당인 문묘를 새로 건립하여 유교 교육의 진흥에 나선 왕은?

15 조선 시대에 왕세자는 궁 안의 '어디'에서 교육을 받았나?

16 조선 시대 서울의 4부 학당은?

17 정조 대에 새로운 인물이나 젊은 관리를 재교육하기 위하여 마련한 제도는?

= 신진 인물이나 중·하급관리 중에서 유능한 인사(능력 있는 자)를 재교육

= 과거에 급제한 참상관(參上官)·참하관(參下官) 가운데 37세 이하 문신들을 선발해 40세가 될 때까지 재교육

18 조선 시대 성균관의 입학 자격은?

19 서양식 근대 교육제도가 도입되어 각종 관립학교가 세워진 것은 '무엇'이 발표된 이후인가?

20 교관을 양성하는 곳이며, 본과(2년 과정)와 속성과(6개월 과정)의 두 과를 두는 등의 내용을 포함한 '칙령 제79호 한성 사범 학교 관제'는 언제 반포되었는가?

21 양잠전습소와 잠업시험장을 설립한 시기는?

22 '북촌의 어떤 여자 중에서 군자(君子) 수 삼 인이 개명(開明)에 뜻이 있어 여학교를 설시하라는 통문(通文)'에 따라 설립된 학교와 그 설립 시기는?

23 헐버트, 벙커, 길모어 등이 교사로 초빙되어 서양 문자를 가르친 학교에는 2개의 반이 있었다. 두 반의 이름은?

24 배재학당, 숭실학교, 경신학교, 정신여학교는 누가 설립하였나?
[참고] 개신교가 중심이 되어 선교목적으로 사립학교를 설립하기 시작한 시기는?

25 신교육 보급을 위한 사립학교들이 전국적으로 설립된 시기는? (사립학교 설립이 활성화된 시기는?)

26 신민회가 민족 교육을 실시하기 위해 ① 평양에 세운 학교, ② 정주에 세운 학교는?

27 의열단의 단원들이 체계적인 군사교육을 받기 위해 입학한 학교는?
[참고] 의열단이 독립운동 지도자를 양성하기 위하여 설립·운영한 학교는?

28 일제강점기에 김미리사를 중심으로 창립된 교육 단체는?

29 '대한제국 칙령 제62호 사립학교령'에 따르면 사립학교를 설립하기 위해 '누구'의 인가를 받아야 했나?

30 미국식 민주주의 교육과 6-3-3학제가 도입된 시기는?

31 경제적 어려움 속에서도 초등학교 의무교육제가 시행된 시기는?

32 (입시 과열을 막기 위해) 중학교 무시험 진학 제도가 처음 실시된 시기는?

33 처음으로 고등학교 입학시험이 연합고사로 바뀐 시기는?

34 과도한 교육열에 따른 부작용을 최소화하기 위해 과외를 전면 금지시킨 시기는?

35 대학수학능력시험이 처음으로 시행된 시기는?

36 (국가주의 이념을 강조한) 국민교육헌장은 몇 년에 제정되었나?

THEME 15 과거

명호쌤의 한마디

- 과거는 음서, 천거와 함께 고려 시대와 조선 시대에 관리가 되는 길이었다. 과거 문제는 특히 조선 시대의 문과(대과, 소과), 무과, 잡과의 차이점을 묻는 문제가 주로 출제된다.

단답형으로 생각 키우기

01 과거 제도를 도입한 고려의 왕은?

02 과거 제도를 폐지한 때는?

03 관직은 적은데 과거에 응시한 사람이 많은 데서 붕당이 생긴다고 보았던 인물은?

04 조선 후기에 이르러 재정상의 이유 등으로 합격자가 양산되어 '만과(萬科)'로 지칭되기도 하였던 과거는?

05 각 도의 인구 비율에 따라 선발 인원을 배분하였던 과거는?

06 문학적 재능이 뛰어난 인재를 선발(시·부 등의 문학을 시험)하였던 조선 시대의 과거는?

07 소과 합격 증서와 대과 합격 증서의 명칭은?

08 전시가 없는 과거 시험은? (2개)

09 경국대전에서 문과 응시가 제한되어 있던 사람들은? (3부류)

'과거' 괄호 넣기 연습(심화)

01 역학, 의학, 음양학, 율학 등 기술학은 주무 관청인 (　　　　　), (　　　　　　　), (　　　　　　), (　　　　　　　)에서 각기 교육하였다. 이는 대개 중인을 대상으로 하였으며, 여기서 교육받은 사람은 잡과를 거쳐 잡직에 기용되었다.

02 생진과는 우선 각 도에서 (　　　　　　)를 치러 과별로 700명씩 선발하고, 다시 이들을 대상으로 서울에서 (　　　　　)를 치러 과별로 100명씩을 뽑아 이들에게 생원·진사의 호칭을 주었다. (　　　　　)는 한문학에 뛰어난 인재를, (　　　　　)는 유교 경전에 뛰어난 인재를 선발하였다.

03 대과는 중앙에서 보는 복시에서 (　　　)명을 선발하였다. 이들은 다시 국왕친전에서 (　　　　　)를 치러 그 성적에 따라 갑, 을, 병의 3과로 나뉘어졌다. 이때 갑과의 1등, 즉 장원은 신급제자의 경우 (　　　　　)품에 초임되었고, 기성관리의 경우는 4등급을 가계하였다.

04 과거는 3년마다 정기적으로 실시되는 식년시가 원칙이었지만 이 밖에 부정기의 특별시험이 있었다. 나라에 큰 경사가 있을 때 실시되는 (　　　　　), 국왕이 문묘에 참배하는 날 성균관에서 보는 (　　　　　), 보통의 국경일에 보는 별시 등이 있어 응시의 기회가 매우 넓었다.

THEME 16 군사 조직

 명호쌤의 한마디

- 우리나라의 역사는 '전쟁의 역사'라고 불러도 될 만큼 우리나라에는 전쟁이 많았다. 특히 삼국 간에는 전쟁이 너무 많아서 신라가 제일 먼저 만든 중앙 관청도 병부(법흥왕)였고, 백제의 여섯 좌평 중에서 두 좌평(위사좌평, 병관좌평)이 지금의 '국방부'이기도 했다. 시대별 군사조직을 구분하여 그 '명칭'을 기억해야겠다.

시대별 군사조직

번호	키워드	군사 조직 (군진세력) 명칭
1	• 진덕여왕 때 김춘추가 조직하였다. • 김유신과 소정방이 협공하여 사비성을 함락시켰다. • 김인문과 이세적이 협공하여 평양성을 함락시켰다.	
2	• 신라인, 고구려인, 백제인, 말갈족으로 구성되었다. • 고구려와 백제의 문화를 통합한 통일신라의 종합적인 문화를 보여준다.	
3	• 9주에 1정씩 배치하고 국경 지대인 한산주에는 2정을 두었다.	
4	• 신라 선덕왕 때 발해 견제 목적으로 설치하였다.	
5	• 9세기 중엽 강화도에 군진을 설치하였다.	
6	• 발해의 중앙군으로 왕궁과 수도의 경비를 맡겼다.	
7	• 고려 시대 국왕의 친위부대로서 응양군과 용호군으로 구성되었다.	
8	• 고려 시대 중앙군으로서 수도와 국경을 수비한다.	
9	• 고려 시대 중앙군으로서 경찰의 기능을 수행한다.	
10	• 고려 시대 중앙군으로서 의장의 기능을 수행한다.	
11	• 고려 시대 중앙군으로서 궁궐을 수비한다.	
12	• 좌·우·초군으로 구성된 상비군으로 양계에 배치되었다.	
13	• 고려 정종 때 거란을 대비하기 위하여 조직하였다.	
14	• 윤관의 건의로 편성되었다. • 신기군, 신보군, 항마군 등으로 구성되었다.	
15	• 고려 시대에 왜구를 대비하기 위하여 조직하였다.	
16	• 최우가 설치하였다. • 좌별초, 우별초, 신의군 등으로 조직되었다. • 강화도, 진도, 제주도로 거점을 옮기며 항몽투쟁을 하였다.	

17	• 조선 시대 중앙군으로 정군, 갑사, 특수병으로 구성되었다. • 지휘책임은 문반 관료가 맡았다.	
18	• 왕실 수비와 임금의 호위를 맡았던 조선 시대의 중앙군으로, 영조 때에는 명칭이 용호영으로 변경되었다.	
19	• 조선 초기에 정규군 외에 조직되었던 예비군으로, 서리, 잡학인, 신량역천인, 노비 등이 소속되어 있었다.	
20	• 조선 초기에 국방상 요지에 설치되었던 군사 조직이다.	
21	• 선조 때 유성룡의 건의로 설치되었다. • 장기간 근무를 하고 일정한 급료를 받는 상비군이었다. • 군인의 급여를 충당하기 위하여 삼수미를 거두어 들였다. • 군인들은 급료로 받은 면포와 수공업 제품을 판매하여 난전에 가담하기도 하였다.	
22	• 이괄의 난 진압 직후 경기 일대를 방어하기 위하여 설치하였다. • 1624년 설치된 조선의 중앙군이다.	
23	• 북벌을 구실로 서인의 권력 유지의 방편으로 이용되었다.	
24	• 조선 숙종 때 설치된 중앙군이었다. • 기병으로 구성되어 궁궐 수비를 담당하였다.	
25	• 왜란 중 유성룡의 건의로 설치되었다. • 양반부터 노비까지 군사로 편제하였다. • 영장이 파견되어 훈련을 담당하였다.	
26	• 정조 때 국왕 호위를 위하여 설치되었다. • 도성 중심의 내영과 수원 성곽 중심의 외영으로 편제되어 5군영보다 더 큰 비중을 차지하게 되었다.	
27	• 흥선대원군은 비변사를 폐지하고, 신영, 남영, 마병소를 부활시켰다.	
28	• 을미개혁 때 중앙군과 지방군이 개편되었다.	
29	• 대한제국은 황제 직속의 군사조직을 설치하고, 그 밑에 시위대, 친위대, 진위대를 소속시켰다.	
30	• 5군영이 '2영'으로 축소되었다.	
31	• 대한국민회가 지원하였다. • 봉오동 전투 및 청산리 대첩에서 큰 공을 세웠다.	
32	• 천주교 세력의 부대로 청산리 대첩에 참여하였다.	
33	• 밀산부 한흥동에서 조직되었다. • 서일이 총재가 되었고, 김좌진·홍범도 등이 부총재가 되었다.	
34	• 조선민족혁명당이 우한(한커우)에서 조직하였다.	

단답형으로 생각 키우기

01 다음은 고려의 특수군이다. 빈칸을 채우시오.

구 분	거란 대비 특수군	여진 대비 특수군	왜구 대비 특수군
명 칭			
설치된 때			

02 별무반과 삼별초의 군대 구성은? (각 3개)

별무반	
삼별초	

03 왕족 승화후(承化候) 온(溫)을 국왕으로 추대하고 관부를 설치하고 관리를 임명하여, 개경으로 환도한 정부와 대립하는 새로운 항몽정권을 수립한 군사 조직은?

04 2군 6위의 상장군·대장군 등이 모여 군사문제를 논의하였던 기구는?

05 고려 시대에 영(領)이라는 단위로 중앙군과 지방군의 부대를 편성하였다. 영(領)은 몇 명인가?

06 조선 시대 '5위'를 구성하는 병력은?

07 잡색군의 구성은?

08 조선의 지방 방어 체제는? (4단계)

09 유성룡이 건의한 것은? (3개)

THEME 17 화폐

> **명호쌤의 한마디**
>
> • 교역이 증가함에 따라 화폐 발행도 늘어났다. 화폐의 전국적인 유통이 가능해진 시기는 조선 후기이지만, 그 전에 발행된 화폐들도 시험에 출제된다. 최근에는 심지어 화폐의 발행 순서가 출제되고 있으니, 화폐의 명칭들을 시간 순서대로 나열할 수 있어야 하겠다.

단답형으로 생각 키우기

01 사천 늑도 유적에서 (　　　)이라는 글자가 새겨진 청동 화폐가 출토되었다.

02 철기 시대에 중국과의 활발한 교류를 알 수 있게 하는 화폐는? (3개)

03 고려 숙종 때 화폐 발행을 위해 ① 시행한 법, ② 설치한 관청은?

04 "초기에는 은 1근으로 우리나라 지형을 본떠 만들었는데 그 가치는 포목 100필에 해당하는 고액이었다." 이와 관련된 화폐는?

05 고려 시대에 화폐 유통이 부진하여 대신 사용하였던 것은?

06 고려 시대에 화폐와 곡식의 출납에 대한 회계를 담당한 관청은?

07 조선전기에 화폐 유통이 부진하여 대신 사용하였던 것은?
[참고 1] (　　　)세기 후반까지 대체로 쌀과 면포 등 현물이 화폐로 사용되었다.
[참고 2] 실물가치가 있는 무명을 화폐 대용으로 사용한 것을 (　　　)라고 불렀다.

08 조선 후기 실학자 중 ① 폐전론을 주장한 인물, ② 화폐 유통의 필요성을 주장한 인물은?

09 1678년 주조된 상평통보가 점차 전국적으로 유통되었으며, 환이나 어음 같은 (　　　)도 사용되었다.

10 흥선대원군 집권기에 경복궁을 중건하기 위해 발행한 다음 화폐의 명칭은?

11 조일수호조규부록의 화폐 규정은?

12 (   )이 당오전을 발행하려고 하였다.

13 임오군란이 진압된 후, 화폐 발행을 위해 설치한 관청 및 그 발행된 화폐는?

14 은본위 화폐 제도와 금본위 화폐 제도는 언제 실시되었나?

15 화폐 정리 사업으로 인해 ① 발행이 중단된 화폐, ② 새롭게 사용하게 된 화폐, ③ 우리나라의 중앙은행 역할을 하게 된 은행은?

16 대동법 실시 이후 공인이 활약하면서 물품의 수요와 공급이 증가하였고, 이에 따라 (   )가 발전하였다.

17 백동화뿐만이 아니라 (   )은 대한제국 시기에도 유통되었다.

18 임진왜란 시기 명군이 참전하면서 조선에서 (   ) 유통이 활발해졌다. 17세기 중반 이후 후금·일본과의 교역이 확대되면서 (   )이 더욱 활발하게 유통되었다.

19 (   )를 주조하여 돈 4백 문(文)을 은(銀) 1냥(兩)의 값으로 정하여 시중에 유통하게 하였다.

20 다음 시기에 발행된 화폐는?

시기	화폐
① 고려 성종	
② 고려 숙종	
③ 공양왕	
④ 조선 태종	
⑤ 세종	
⑥ 세조	
⑦ 인조	
⑧ 조선 숙종	
⑨ 1866년	
⑩ 1882년	
⑪ 1883년	
⑫ 1892년	

THEME 18 토지제도와 수취제도

> **명호쌤의 한마디**
>
> - 토지제도는 토지에 대한 권리(수조권, 소유권)를 규정하고, 수취제도는 조세·공납·역에 대해 규정한다. 두 제도는 따로 출제되기도 하고 함께 출제되기도 하니, 두 가지를 모두 대비해야 한다.

토지제도의 변화

왕	토지 제도
문무왕	녹읍·식읍 지급
신문왕	관료전 지급, 녹읍 폐지
성덕왕	정전 지급
경덕왕	녹읍 부활
태조 왕건	역분전 지급, 녹읍 폐지
경종	시정 전시과 실시
목종	개정 전시과 실시
문종	경정 전시과 실시
원종	녹과전 지급
공양왕	과전법 실시
조선 세조	직전법 실시
성종	(직전법 아래에서의) 관수관급제 실시
명종	직전법 폐지

조선 시대 토지제도와 수취제도 종합

구 분	15C	16C	17C	18C
토지 제도	과전법	직전법		
전 세	과전법 수취제	공법		영정법
기 타		삼수미세	대동미	균역법

'토지제도와 수취제도' 기출문장 괄호 넣기 연습

01 태조 23년에 처음으로 (　　　　) 제도를 설정하였는데, 삼한을 통합할 때 조정의 관료들과 군사들에게 그 관계(官階)가 높고 낮은지를 논하지 않고 그 사람의 성품과 행동이 착하고 악한지, 공로가 크고 작은지를 참작하여 (　　　　)을 차등 있게 주었다.

02 경종 원년 11월에 비로소 직관(職官), 산관(散官) 각 품의 (　　　　)을(를) 제정하였는데, 관품의 높고 낮은 것은 논하지 않고 다만 인품만 가지고 (　　　　)의 등급을 결정하였다.

03 호조에서 아뢰기를, (　　　　)은(는) 진제(賑濟)와 환상(還上)을 위해 설치한 것이고, 국고(國庫)는 군국(軍國)의 수요에 대비한 것입니다.

04 고려 경종 때 처음 전시과 제도를 만들었으며, (　　　　) 때에는 지급 대상을 현직 관료로 제한하였다.

05 과전법은 국가재정을 확충하고 (　　　　)의 경제적 기반을 확보하기 위해 만들었다.

06 (　　　　)에서 아뢰기를, "공물 징수의 폐단을 개선하기 위해 새로운 법을 시행하자 지난날 방납(防納)하던 모리배들은 다들 원수같이 여기고 있으며, 각 읍의 향리들이나 수령들도 기뻐하지 않습니다."라고 하였다.

07 국가의 조세 제도는 원래 전분 6등과 연분 9등으로 나누었다. …… 그런데 근래 토지의 등급을 나누고 세를 내게 할 때는 모두 하하(下下)를 따른다. 그 결과 (　　　　)이 시행되었다.

08 고려 시대에 (　　　　)가 시행되면서, 승인과 지리업에게 별사전이 지급되었다.

09 (　　　　)은 전국적으로 실시되는데 100여 년의 시간이 소요되었다.

10 개경 환도 후에 현직 관료의 녹봉을 충당하기 위하여 (　　　　) 제도를 시행하였다.

11 (　　　　)가 시행되면서 한외과(限外科)가 소멸되고, 무관에 대한 차별적인 토지 분급이 시정되었다.

12 고려의 토지 종목 중 (　　　　)은 6품 이하 하급 관료의 자제로서 관직에 오르지 못한 사람에게 지급한 토지였다. 또 중앙과 지방의 각 관청에는 (　　　　)을 지급하여 경비에 충당케 하였다.

13 조선 시대에는 (　　　　)세 이상 정남에게 군역과 요역의 의무가 있었다.

단답형으로 생각 키우기

01 ① 고려의 세습 가능한 토지, ② 조선의 세습 가능한 토지는?

02 "성행의 선악과 공로의 대소에 따라" 토지를 분급한 토지제도는?

03 4색공복을 기준으로 토지와 시지를 지급하였으나, 등급에 들지 못한 자에게도 전지 15결을 지급한 토지 제도는?

04 ① "군인전"이 지급되기 시작한 전시과, ② "별사전"이 지급되기 시작한 전시과는?

05 ① 인품이 배제된 전시과, ② 산관이 탈락된 전시과는?

06 ① 무신에게도 토지를 지급했지만 '문신 우대의 경향'이 있었던 전시과, ② 문무 차별이 완화된 전시과는?

07 한외과가 소멸된 전시과는?

08 6품 이하 하급 관리의 자제로서 관직에 오르지 못한 자에게 지급한 고려 시대의 토지는?

09 신진사대부의 경제적 기반을 보장하기 위해 마련한 토지 제도는?

10 과전법의 1과와 18과에 지급된 토지는 각각 몇 결인가?

11 수신전, 휼양전이라는 명목으로 세습된 토지는?

12 ① 공양왕, ② 세조, ③ 성종, ④ 명종 때의 토지 제도의 변화는?

13 국가의 토지 지배력을 강화시킨 토지 제도의 변화는? (3개)

14 민정문서에 대하여 빈칸을 채우시오.

구분	내용
① 발견된 시기	
② 발견된 장소	
③ 기록 대상 지역	
④ 기록 주기	
⑤ 기록자	
⑥ 호(戶) 등급	
⑦ 인구 등급	
⑧ 정남에게 지급된 토지	
⑨ 내시령답·관모답 등의 경작 방식	

15 고려 시대 수취 제도의 특징은?

구분	특징
① 재정관청	(　　　　)와 (　　　　)
② 토지 구분	토지 비옥도에 따라 (　　)등급으로 구분
③ 세율	공전 (　　　　), 민전 (　　　　)

16 각 시기의 수취제도 및 그 납부액은?

시기	수취제도	납부액
① 공양왕	과전법 하에서의 수취제도	1/10, 최고 (　　　)두
② 세종	공법	(　　　　　)두
③ 인조	영정법	(　　　　)두

17 ① 삼수미세, ② 대동법, ③ 결작은 1결당 몇 두를 징수했는가?

18 대동법을 실시한 결과이다. 빈칸을 채우시오.

① 양반 (　　　　)의 반발
② 소작농의 부담 감소
③ 상품화폐 경제의 발달
④ (　　　　)이 등장하여 도고로 성장

19 조선 시대 '잉류 지역'은? (3개)

20 조선 후기 ① 공납의 전세화, ② 군포(군역)의 전세화가 나타난 제도는?

21 대동법을 실시한 관청의 이름은?

22 균역법 실시로 인한 재정감소의 보완책은? (5개)

THEME 19 후삼국 시대

명호쌤의 한마디

- 후삼국 시대란 신라, 후백제, 후고구려가 공존하는 시대뿐만 아니라, 고려가 건국되어 후백제와 싸우는 시기까지 포함한다.
- 후삼국 시대는 후백제가 건국된 900년부터, 고려가 민족을 재통일하는 936년까지로 보면 된다.

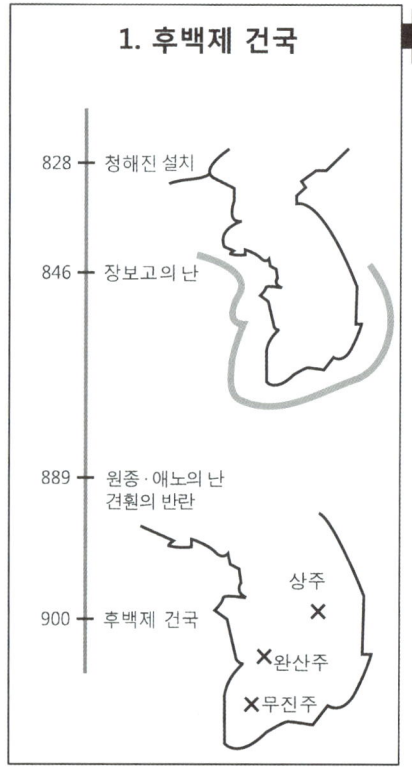

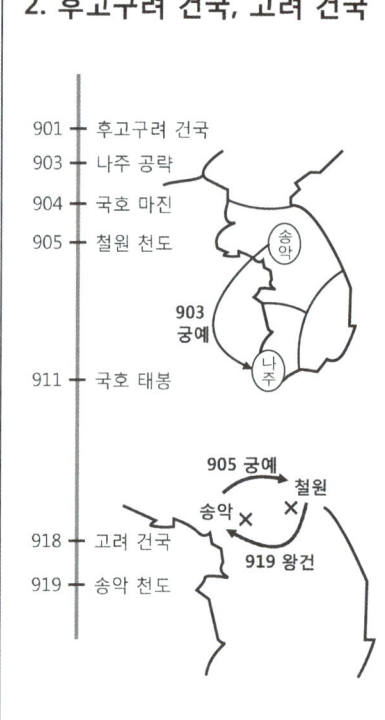

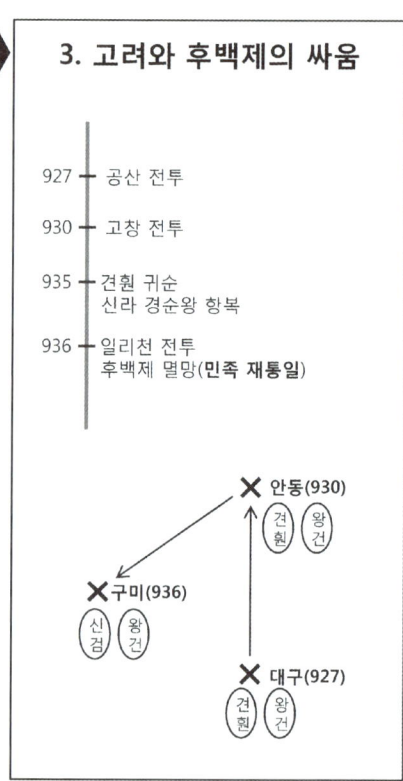

'후삼국 시대' 기출문장 괄호 넣기 연습

01 대견훤기고려왕서(代甄萱寄高麗王書)는 (　　　　)을 대신하여 고려왕 (　　　　)에게 보낸 서신으로 신라 하대 6두품인 (　　　　　)가 지었다.

02 후삼국 시기에 유학자들은 (　　　　　)을 이해하고 포용하여 유·불 통합을 시도하였다.

03 궁예는 국호를 대동방국을 뜻하는 (　　　　)으로 정하고, 연호를 (　　　　)라 하였으며, 이후 수도를 (　　　　)으로 옮겼다.

04 후삼국 통일 시 왕건은 신라의 김부에게 경주를, 견훤에게는 양주 지방을 (　　　　)으로 지급하였다.

05 견훤은 900년에 (　　　　　　)에서 후백제를 건국하였고, 궁예는 901년에 (　　　　　　)에서 후고구려를 건국하였다.

06 견훤은 (　　　　)(後唐), (　　　　)(吳越)과도 통교하는 등 대중국 외교에 적극적이었다.

07 왕건은 (　　　　　)를 공략한 전공으로 광평성 시중에 올라 자기 세력을 넓혔다.

08 견훤은 경주를 공격하여 (　　　　　)을 살해하였다.

09 견훤과 궁예는 통일국가 성립에 실패하였는데 그것은 (　　　　　)과 (　　　　)적 복종 요구뿐만 아니라 사회 개혁에도 실패하였기 때문이다.

10 왕건은 (　　　　)의 관제를 근간으로 한 정치 제도를 마련하였다.

11 견훤(甄萱)은 (　　　　) 가은현(加恩縣) 사람이다. 본래의 성은 이씨(李氏)였으나 후에 견(甄)으로 씨(氏)를 삼았다. 아버지 (　　　　　)는 농사를 지으며 살다가 후에 가문을 일으켜 장군이 되었다.

12 신라 진성왕(眞聖王) 재위 6년(892)에 왕의 총애를 받던 아이들이 (왕의) 옆에 있으면서 정권을 마음대로 휘둘러 기강이 문란하고 해이해졌고, 그 위에 기근까지 겹쳐 백성들이 떠돌아다니고 도적들이 벌떼처럼 일어났다. 이에 견훤은 은근히 왕위를 엿보는 마음을 가져 무리를 불러 모아 왕경(王京)의 서남쪽 주(州)와 현(縣)을 치자 이르는 곳마다 메아리처럼 호응하였다. 한 달 사이에 무리가 5000명에 이르자 드디어 (　　　　　)를 습격하여 스스로 왕이 되었으나 아직 감히 공공연히 왕을 칭하지 못하고, 신라서면도통지휘병마제치(新羅西面都統指揮兵馬制置) 지절(持節) 도독전·무·공등주군사(都督全武公等州軍事) 행전주자사(行全州刺史) 겸어사중승(兼御史中丞) 상주국(上柱國) 한남군개국공(漢南郡開國公) 식읍이천호(食邑二千戶)라고 스스로 칭하였다.

이때 북원(北原)의 도적 (   )이 가장 강성하여 궁예가 스스로 투항하여 그 부하가 되었는데, 견훤이 이 소식을 듣고 멀리 (   )에게 관직을 주어 비장(裨將)으로 삼았다.

13 궁예(弓裔)는 신라 사람이다. 성은 김씨이고, 아버지는 제47대 (   ) 의정(誼靖)이며, 어머니는 (   )의 후궁이었는데, 그 성과 이름은 전하지 않는다.

14 궁예가 울면서 말하기를 "만약 그렇다면 제가 떠나 어머니에게 걱정을 끼쳐 드리지 않겠습니다"라고 하고, 문득 (   )로 갔는데 지금의 흥교사(興敎寺)이다. 머리를 깎고 중이 되어 스스로 (   )이라고 이름하였다.

15 신라가 쇠약해진 말기에 정치가 잘못되고 백성이 흩어져 왕기(王畿) 밖의 주현(州縣) 가운데 반란 세력에 따라 붙는 자가 거의 반에 이르고, 먼 곳과 가까운 곳에서 도적들이 벌떼처럼 일어나 그 아래 백성이 개미처럼 모여들었다. (   )은 이런 혼란기를 타서 무리를 모으면 자신의 뜻을 이룰 수 있다고 생각하여 진성왕 즉위 5년, 즉 대순(大順) 2년(891) 신해(辛亥)에 죽주(竹州)의 도적 괴수 (   )에게 의탁하였다.

16 (궁예는) 경복(景福) 원년(892) 임자(壬子)에 북원(北原)의 도적 (   )에게 의탁하니, (   )이 잘 대우하며 일을 맡기고 드디어 군사를 나누어 주어 동쪽으로 땅을 점령하도록 하였다.

단답형으로 생각 키우기

01 견훤의 친선 외교 관계를 유지한 국가·민족은? (4개)

02 후고구려의 국호 변경 및 천도 순서는?

03 고려와 후백제 사이의 전투는? (3개)

04 다음의 국가는 누구에 의해 멸망했나?

① 위만조선( )	⑥ 낙랑( )
② 옥저( )	⑦ 금관가야( )
③ 동예( )	⑧ 대가야( )
④ 부여( )	⑨ 후백제( )
⑤ 마한( )	⑩ 발해( )

THEME 20 고려와 조선의 대외관계

명호쌤의 한마디

- 고려와 조선은 외세의 침입을 많이 받았다. 고려는 거란, 여진, 몽골, 홍건적, 왜구의 침입을 받았고, 조선은 임진왜란과 정묘호란·병자호란을 겪었다.

조선 대외관계의 구조

조선 전기	사대	(조공관계) 명	① 조공무역 → 공무역 ② 조공 주기에 이견
	교린	여진 — 강경	4군 6진
		여진 — 회유	① 무역소 ② 북평관 ③ 귀순 장려 ④ 토관제도
		일본 — 강경	① 쓰시마 정벌
		일본 — 회유	② 3포 개항 ③ 계해약조
		동남 아시아	류큐, 시암, 자바 등 → 조공과 진상
조선 후기	북인	서인	서인, 남인	(북학파)

조선과 러시아의 관계

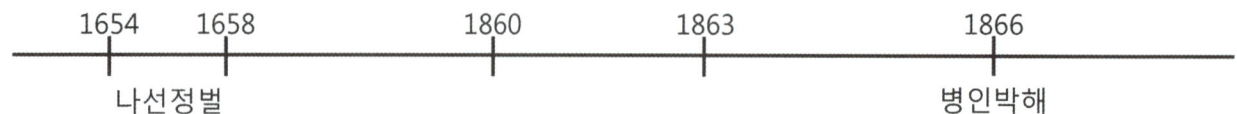

구 분	원인(배경)	시 작	끝	강화조약	결 과
청일전쟁 (1894)					
러일전쟁 (1904)					

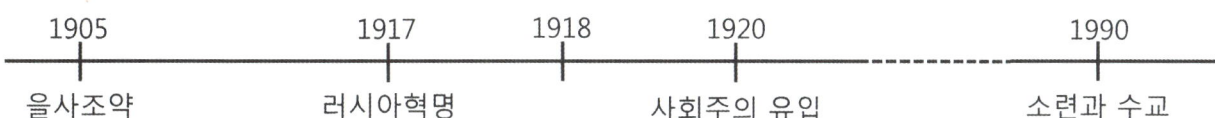

단답형으로 생각 키우기

01 ①~③에 들어갈 일본 막부는?

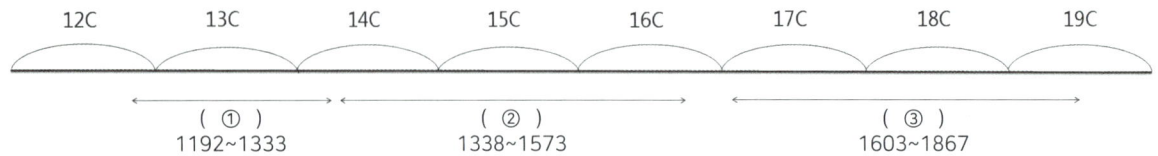

02 고려 시대의 중국 왕조(5개), 조선 시대의 중국 왕조(3개)는?

03 시대에 따른 국경의 변화를 설명하시오.

시대	국경의 변화
① 문무왕 때	
② 발해 선왕 때	
③ 태조 왕건 때	
④ 서희의 외교 담판 때	
⑤ 천리장성 축조 당시	
⑥ 공민왕 때	
⑦ 세종 때	

04 ① 거란의 1차, 2차, 3차 침입, ② 몽골의 1차, 2차 침입은 누가 쳐들어왔나?

05 ① 고려 말 쓰시마 섬을 정벌한 '왕-장수', ② 조선 초 쓰시마 섬을 정벌한 '왕-장수'는?

THEME 21 고려의 여러 사건

> **명호쌤의 한마디**
>
> • 정치, 경제, 사회, 문화 전 분야에 걸쳐 고려의 '특별한' 사건들이 시험에 출제된다. 고려의 모든 사건을 공부할 수는 없지만, 우리는 최소한 '시험에 나오는' 여러 사건에 관심을 기울여야 한다.

단답형으로 생각 키우기

01 고려 태조, 광종, 성종의 호족 견제 및 회유책은?

왕	호족 견제 및 회유책
① 태조	(　　　) 제도, (　　　) 제도, 사성정책, 혼인정책
② 광종	과거제도, (　　　), 주현공부법, 숙청
③ 성종	(　　　) 제도

02 최승로의 시무 28조의 주요 내용으로 괄호 안에 들어갈 말은?

① 청컨대 (　　) 을 두십시오.
② 거마, 의복 제도 등 풍속은 (　　) 의 것과 같이 할 필요는 없습니다.
③ (　　) 와 (　　) 를 줄이시오.
④ (　　) 는 수신의 본이고 (　　) 는 치국의 본입니다.

03 고려 시대 최씨 정권 4인은?

04 다음 사건이 발생한 연도는?

① 과전법 공포(　　　)　② 강화천도(　　　) 및 개경환도(　　　)
③ 이성계의 황산 전투(　　　)　④ 삼군도총제부 설치(　　　)
⑤ 박서의 귀주성 전투(　　　)　⑥ 위화도 회군(　　　)
⑦ 삼별초 항쟁(　　　)　⑧ 김보당의 난(　　　)
⑨ 대화궁 건립(　　　)　⑩ 화통도감 설치(　　　)

05 고려 시대에 궁중의 잡일을 맡았던 내료직은?

06 고려 시대에 장례와 제례는 무엇을 따라 행해졌나?

07 고려와 조선의 천문 관측 관청은?

08 시대(국가)에 따라 채택한 역법(曆法)은?

시대(국가)	역법	주도 인물
① 부여		–
② 고려 초기		–
③ 충선왕 때		최성지
④ 공민왕 때		–
⑤ 세종 때		–
⑥ 효종 때		김육

09 주심포 양식과 다포 양식의 대표적인 건축물은?

공포 양식	대표적인 건축물
① 주심포 양식	안동 ( ) 극락전, 영주 부석사 ( )과 조사당, 예산 수덕사 대웅전
② 다포 양식	함경남도 안변 석왕사 응진전, 황해도 황주 사리원 ( ) 응진전, 황해도 황주 심원사 보광전

10 ① 상감청자의 주 생산지, ② 순백자의 주 생산지는?

11 고려 시대 각 장르의 대표적인 작품은?

장르	대표적인 작품(각 3개)
① 속요	
② 경기체가	
③ 향악	

12 상여를 메는 상두꾼이 유래한 조직은?

13 2년 3작의 윤작법이 ① 보급된 시기, ② 일반화된 시기는?

14 ① 목화씨를 가져온 사람, ② 목화재배에 성공한 사람, ③ 무명옷을 입게 된 시기는?

15 소수공업과 사원수공업의 주된 생산품은?

16 고려 시대에 지어진 향가는?

17 고려 시대의 대표적인 회화 작품은? (3개)

18 최충헌이 설치한 것(2개)과 최우가 설치한 것(3개)은?

19 여말 선초에 일어난 주요 사건은?

왕	연 도	주요 사건
우 왕	1376년	최영의 (　　　) 전투
	1377년	(　　　) 설치, (　　　) 금속활자 인쇄
	1378년	연호군 설치
	1380년	이성계의 (　　　) 전투, 최무선의 진포 전투
	1387년	철령위 사건
	1388년	(　　　) 회군
창 왕	1389년	(　　　) 정벌
공양왕	1391년	(　　　) 실시, 삼군도총제부 설치
조선 태조	1392년	조선 건국
	1393년	의흥삼군부 설치
	1394년	(　　　) 천도

20 빈칸에 들어갈 내용은?

구분	천도 지역과 시기
① 고구려의 천도	졸본 → (　　　　)(유리왕) → 평양(장수왕) → 평양 중심부(평원왕)
② 백제의 천도 및 천도 시도	한성 → 웅진(문주왕) → 사비(성왕) → (　　　)(천도 시도)(무왕)
③ 신라의 천도 시도	경주 → 달구벌(천도 시도)(신문왕)
④ 발해의 천도	동모산 → 중경(무왕) → 상경(문왕) → (　　　)(문왕) → 상경(성왕)
⑤ 후고구려, 고려의 천도 및 천도 시도	송악 → 철원(궁예) → 개경(왕건) → 서경(천도 시도)(정종) → 서경(천도 시도)(인종) → (　　　　)(고종) → 개경(원종)
⑥ 조선의 천도	개경 → 한양(태조) → 개경(정종) → 한양(태종)

THEME 22 조선의 여러 사건

명호쌤의 한마디

- 정치, 경제, 사회, 문화 전 분야에 걸쳐 조선의 '특별한' 사건들이 시험에 출제된다. 조선의 모든 사건을 공부할 수는 없지만, 우리는 최소한 '시험에 나오는' 여러 사건에 관심을 기울여야 한다.
- 조선 시대의 사건은 고려 시대의 사건과 비교하고, 조선 전기와 조선 후기의 사건을 나누어 비교하는 것이 필요하다.

단답형으로 생각 키우기

01 의정부서사제와 6조직계제를 채택한 왕은?

02 호패법의 ① 목적, ② 실시한 왕, ③ 보완적인 제도는?

03 태종 때와 세종 때의 동활자는?

04 사림파의 계보는? (6단계)

05 훈구파와 사림파가 선호한 책은?

06 4대사화의 때, 원인, 결과는?

사화	때	원인	결과
무오사화	연산군	① ( )	② ( ) 처형, 김종직 부관참시
갑자사화	③ ( )	윤씨 복위	김굉필 처형, 정여창 부관참시
기묘사화	④ ( )	위훈 삭제	조광조 처형
을묘사화	명종	외척의 왕위 계승	⑤ ( ) 처형

07 영조와 정조의 탕평책을 비교하시오.

구분	명칭	내용
영조의 탕평책	① (　　　　　) (당파 불문 인재 등용)	탕평파 중심 ② (　　　　) ③ (　　　　)
정조의 탕평책	④ (　　　　　) (당파의 옳고 그름을 명백히 가리는 적극적인 탕평책)	–

08 영조의 ① 군역 부담 완화책, ② 양인의 수 확보책, ③ 도성 수비체제 명령, ④ 백과사전은?

09 ① 전정의 문란(2개), ② 군정의 문란(4개), ③ 환곡의 문란(2개)을 뜻하는 단어는?

10 인조반정의 원인은? (3개)

11 조선 시대 환곡 제도의 운영 관청은?

12 조선 시대 지방민의 구호 및 진료를 담당했던 사회시설은?

13 조선 시대의 '형벌'에 적용된 법전은?

14 ① 향약의 간부, ② 유향소의 임원은?

15 15세기, 16세기의 신분제는?

16 ① 최초의 서원, ② 사액서원의 효시는?

17 다음 시기의 주요 사건은?

시기	주요 사건
① 1607년	국교 재개 및 통신사 파견
② 1608년	경기도에 (　　　　) 실시
③ 1609년	(　　　　)

18 조선 전기에는 (①)에 등록된 (②)들이 의류, 활자, 화약, 무기, 문방구, 그릇 등을 제작하였다. ①과 ②에 들어갈 말은?

19 '국역을 부담하는 시전이 서울 도성 안과 도성 아래 10리까지의 지역에서 난전의 활동을 규제할 수 있는 권리'를 폐지한 정책은?

20 조선 시대 '장시'가 ① 출현한 시기, ② 전국으로 확산된 시기, ③ 1,000여 개소가 된 시기는?

21 대표적인 상업 포구는? (2개)

22 경강 상인의 키워드는? (3개)

23 포구에서 위탁 판매업, 음식점, 여관업 등을 하였던 상인은?

24 보부상의 ① 성격(ㅇㅇ행상), ② 보부상 보호 관청(1883년), ③ 독립협회 해산과 관련된 조직, ④ 대한제국이 지원한 조직은?

25 조선 시대 경시서(평시서)의 역할은? (3개)

26 '노장 사상에 포용적'이었고, '실천적 유학'을 표방하였으며, '서리 망국론'을 주장하였던 16세기 인물은?

27 '6경과 제자백가에서 학문의 사상적 기반을 찾으려 했던' 인물은?

28 양명학의 기본교리는?

29 18세기 양명학자들의 주요 업적은?

이름	주요 업적
정제두	①
②	동국진체(원교체)
이긍익	③

30 '좀의 여섯 종류는 첫째가 노비, 둘째가 과거, 셋째가 벌열, 넷째가 기교, 다섯째가 승니, 여섯째가 게으름뱅이들이다'라고 말한 인물의 토지개혁론은?

31 결부법 대신 경무법을 사용할 것을 주장한 실학자는?

32 '여유당'의 토지 개혁론은?

33 ① 조선 후기에 종두법을 연구한 인물(2명), ② 1879년에 종두법을 실시한 인물(1명)은?

34 '지봉유설'에 소개된 ① 한역서학서, ② 서양식 세계지도는?

35 조선시대 최초의 실측 지도와 백리척 지도는?

구분	최초의 실측 지도	최초의 백리척 지도
명칭	동국지도	① ( )
시기	② ( )	영조
제작자	정척, 양성지	③ ( )

36 불교의 사회적 지위 향상과 양반 지주층의 경제적 성장을 반영하는 17세기의 규모가 큰 다층 건물은? (3개)

37 다음은 누구인가?

① 정조의 화성행차, 의궤 등을 그린 인물(　　　　)
② 도시인의 풍류생활과 부녀자의 풍속을 해학적으로 표현한 인물(　　　　)
③ 서양화 기법을 반영하여 사물을 실감나게 표현한 인물(　　　　)
④ 바위산을 선으로 흙산을 묵으로 묘사한 인물(　　　　)
⑤ 선비가 수면을 바라보며 무념무상에 잠긴 모습을 그린 인물(　　　　)
⑥ 노비 출신으로 바위틈에 뿌리를 박고 모진 비바람을 이겨내고 있는 늙은 소나무를 그린 인물
　(　　　　)
⑦ 삼절(三絶) 중 한 명으로 묵죽도를 그린 인물(　　　　)

38 ① 김정희가 고증한 비석, ② 김정희가 저술한 금석문 연구서, ③ 김정희가 그린 그림은?

39 조선 성종 때의 업적에 답하시오.

① 왕명에 따라 성현 등이 펴낸 음악책(　　　　)
② 고조선부터 고려까지의 역사를 기록한 역사서(　　　　)
③ 자주의식이 나타나는 지리서(　　　　)
④ 의례서(　　　　)
⑤ 기본 법전(　　　　)
⑥ 농서(　　　　)
⑦ 한문학 모음집(130권)(　　　　)
⑧ 서거정이 쓴 한문 수필집(　　　　)
⑨ 신숙주가 쓴 일본 기행문(　　　　)

40 다음이 설명하는 인물은?

① 북부여 출신으로 천제(天帝)의 아들이었고, 어머니는 하백의 딸이었다. (　　　　)
② 6두품 출신으로 이두를 정리하고 화왕계를 써서 신문왕에게 바쳤다. (　　　　)
③ 6두품 출신으로 일체유심조(一切唯心造)를 깨닫고 당으로의 유학을 포기하였다. (　　　　)
④ 진골 출신으로 당에 유학하여 지엄의 문하에서 현수와 더불어 화엄종을 연구하였다. (　　　　)
⑤ 진골 출신의 대표적인 역사가로서, 신라의 문화를 주체적으로 인식하였다. (　　　　)
⑥ 신라의 왕족 출신으로 양길의 부하가 되었다. (　　　　)
⑦ 상주 가은현 출신으로 아버지는 아자개이다. (　　　　)
⑧ 송악 지방의 호족 출신으로 광평성의 시중에 올랐다. (　　　　)
⑨ 후주 출신으로 과거제 시행을 건의하였다. (　　　　)
⑩ 천민 출신으로 무신정권의 최고 권력자가 되었다. (　　　　)
⑪ 서얼 출신으로 규장각 검서관에 등용되었으며 청과의 통상 강화를 주장하였다. (　　　　)
⑫ 경주 출신의 잔반으로 동학을 창시하였다. (　　　　)
⑬ 집현전 출신 학자로, '해동제국기'를 편찬하였다. (　　　　)
⑭ 노비 출신 과학자로 자격루, 혼천의 등을 제작하였다. (　　　　)
⑮ 노비 출신으로 화원에 발탁되었으며 '송하보월도'를 그렸다. (　　　　)
⑯ 중인 출신의 통역관으로 '해국도지', '영환지략'을 국내에 소개하였다. (　　　　)
⑰ 평민 출신 의병장으로 울진, 평해, 영해에서 활동하였다. (　　　　)

THEME 23 조선 후기

명호쌤의 한마디

- 우리 시험에서 '조선 후기'에 나타나는 현상을 정리하는 것은 매우 중요하다. 조선 후기란 '근대 태동기'로서 근대를 준비하는 '꿈틀거림'이 있는 시기이므로, 시험에서는 조선 후기의 역동성을 묻는 문제가 많이 출제된다.

단답형으로 생각 키우기

01 조선 전기와 후기에 '정부의 부세 제도 운영에 적극 참여한 계층'은?

02 조선 후기에 양반들은 군현 단위로 실시되던 (　　)보다는 면리 단위(촌락 단위)의 (　　)을 실시하였다.

03 조선 후기 양반층이 지위를 유지하기 위해 사용했던 방법은?

① 동계
② 동약
③ (　　　) 마을(동성 촌락)
④ 족보
⑤ (　　　) 서원
⑥ 사우
⑦ 청금록

04 조선 후기의 농업, 광업, 수공업의 특징은?

구분	특징	
① 농업	이앙법 시행지역 확대	이앙법 전국 확대
	1인당 경작 면적의 확대	
	고랑에 씨를 심는 방식(보리 재배에 적합)	
	상업용 재배	상품작물 재배
	소작료 정액제	
	지주와 전호의 관계	
② 광업	효종 때 사채를 허용한 제도	
	몰래 채굴	잠채 성행
	자본가와 광산개발 전문가의 만남	
③ 수공업	관영수공업을 없애는 정조의 정책	
	민영 수공업 유행	장인세를 내는 납포장 증가
	미리 자금과 원료를 조달받아 생산	

05 조선 후기에 전래된 작물은? (6개)

06 조선 후기에 사상(私商)이 활동하였던 시장은? (4개)

07 조선 후기의 중앙군과 지방 군사 제도는?

구분	군사 조직(제도)
① 중앙군	
② 지방 군사 제도	

08 조선 후기에 발생한 '시중 화폐 부족 사태'는?

09 조선 후기에 '신향과 구향의 대립'은?

10 조선 후기에 널리 유행한 비기(예언서)는?

11 조선 후기에 유행한 시조는?

12 조선 후기에 한문학이 발달한 이유는?

13 조선 후기 '서민 문화'에 해당하는 것들은? (각 2개)

구분	서민 문화
① 음악, 무용	
② 문학	
③ 회화	
④ 도자기	

14 조선 후기 위항 문학작품 중, ① 서얼의 이야기, ② 향리의 전기, ③ 시집은?

THEME 24 저술과 저자

명호쌤의 한마디

• 책이 간행된 때와 저자는 시험에서 늘 다루는 주제이다. 책과 저자를 분리하지 말고 '하나의 개념'으로 기억하고 있어야 한다.

단답형으로 생각 키우기

01 '고려도경'의 ① 저자, ② 저자가 고려에 다녀간 때는?

02 민족의 고유 문화와 전통을 중시하는 역사서를 편찬한 승려는?

03 조선 전기의 농서와 그 저자는? (3개)

04 고조선에서 고려말까지의 전쟁사를 정리한 김종서의 병서는?

05 천지, 만물, 인사, 경사, 시문의 5개 분야로 설명한 백과사전식 저술과 그 저자는?

06 장유유서, 붕우유신의 윤리를 강조한 16세기 저술과 그 저자, 간행 시기는?

07 '이(理)는 원리적 개념으로 절대적으로 선한 것이고, 기(氣)는 현상적 개념으로 선과 악이 함께 섞여 있는 것'으로 보았던 인물의 저술은?

08 이규보가 쓴 「동국이상국집」에 담긴 주요 내용은?

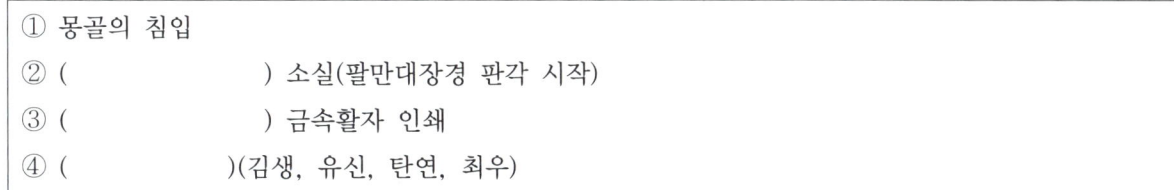

09 ① '이암'이 소개한 농서, ② 현존하는 우리나라 최고의 농서는?

10 고려 시대의 패관문학 작품으로 ① 이인로, ② 최자, ③ 이규보, ④ 이제현의 작품은?

11 무신정권 때 편찬된 역사서는? (2개)

12 '향약구급방'과 '향약집성방' 사이에 간행된 고려 말 의학 서적은?

13 정조 때의 문헌 편찬 사업에 답하시오.

구분	문헌 편찬 사업
① 정조의 개인문집	
② 외교문서 모음집	
③ 청에서 수입한 책	
④ 법전	
⑤ 규장각 검서관이 쓴 병서(무예훈련 교본)	
⑥ 규장각 검서관이 쓴 백과사전	
⑦ 규장각 검서관이 쓴 역사서	

14 ① 이규경의 백과사전, ② 최한기의 백과사전, ③ 이덕무의 백과사전, ④ 이수광의 백과사전은?

15 조선 시대에 왕명에 의해 길례·가례·빈례·군례·흉례를 정리한 책은?

16 조선 시대의 대표적인 역사 지리지는? (2개)

17 '독도'가 수록되었고, '단군 신화'가 수록되어 있는 지리지는?

18 ① 조선 태조 때, ② 태종 때, ③ 세종 때 편찬된 관찬 법전은?

19 ① 조선 성종 때, ② 영조 때, ③ 정조 때 편찬된 관찬 법전은?

20 동양 의학 집대성 & 의학 이론과 임상의 일치에 주력한 의학서 & 유네스코 세계기록 유산에 등재된 의서는?

21 고려와 조선의 의학서를 순서대로 나열하면 다음과 같다. 빈칸을 채우시오.

시기	의학서
① 고려 고종	( )
② 고려 말	삼화자향약방
③ 조선 태조	향약제생집성방
④ 세종(1431)	향약채취월령
⑤ 세종(1433)	( )
⑥ 세종(1445)	( )
⑦ 광해군	동의보감(허준)
⑧ 인조	침구경험방(허임)
⑨ 정조	( )(정약용)
⑩ 고종	( )(이제마)

22 오우가(五友歌)의 ① 저자, ② 쓰여진 때, ③ 저자의 당파는?

23 다음 승려들의 저술은?

승려	저술
① 원효	1. ( ) 2. ( ) 3. ( ) 4. 화엄경소
② 의상	( )
③ 원측	( )
④ 혜초	왕오천축국전
⑤ 제관	( )
⑥ 균여	( )
⑦ 의천	1. ( ) 2. 원종문류 3. 석원사림 4. 천태사교의주
⑧ 지눌	1. ( ) 2. ( )

24 다음 저술의 저자는?

저술	저자
① 한민명전의	
② 우서	
③ 반계수록	
④ 곽우록	
⑤ 중용주해	
⑥ 의산문답	
⑦ 흠흠신서	
⑧ 원목	
⑨ 임하경륜	
⑩ 동의수세보원	
⑪ 산림경제	
⑫ 자산어보	
⑬ 해동농서	
⑭ 해동역사	
⑮ 해동제국기	
⑯ 학변, 존언	
⑰ 농가집성	
⑱ 임원경제지	
⑲ 동문선	
⑳ 주해수용	

25 일제강점기 저술의 저자는?

저술	저자
① 한국통사	
② 을지문덕전	
③ 대미관계 50년사	
④ 조선사연구	
⑤ 조선상고사감	
⑥ 조선사회경제사	
⑦ 조선민족사 개론	

THEME 25 역사 속의 반란

> **명호쌤의 한마디**
>
> • 역사 속의 많은 반란들은 주요 역사적 사건의 '원인'이거나 '결과'였다. 그러므로 반란이 일어난 시대의 상황을 묻는 문제가 주를 이루고, 반란의 성격과 반란들의 발생 순서를 묻는 문제도 출제된다.

역사 속 반란

발생시기		왕	반란	내용
신라 중대	681	신문왕		신라 중대 귀족들의 권력욕
	683		금마저 반란	보덕국 안승의 경주 귀족화
	768		대공의 난, 96각간의 난	귀족 세력의 정권 쟁탈
	780		( )의 반란	귀족 세력의 정권 쟁탈
신라 하대			김헌창의 난, 김범문의 난	( )의 반발 → ( )의 몰락(6두품으로 강등)
	846		장보고 반란	해상세력의 권력욕
	889		원종·애노의 난	왕의 문란한 행실과 실정
	896	진성여왕	( )의 반란	왕의 문란한 행실과 실정
고려 초기	943			외척의 왕위 계승권 욕구
	1009	목종	( )의 정변	천추태후 일파·김치양 일파에 대한 불만
고려 중기	1126	인종	이자겸의 난	문벌귀족과 ( )의 대립 → 왕실의 권위 추락
	1135	인종	묘청의 난	개경세력과 서경세력의 대립
무신 집권기	1173	명종		문신의 반무신란(최초의 반무신란)
	1174		조위총의 난	반무신란
	1174		(교종)승려들의 반란	무신의 토지겸병 반발
	1176			신분 해방

무신 집권기	1182		전주 관노의 난	신분 해방
	1193		김사미·효심의 난	신분 해방 → 이의민과 결탁 → 최충헌 진압 → 최씨정권 출현의 배경
	1198	신종		신분 해방(최충헌의 사노, 개경)
	1200	신종	진주 노비의 난	신분 해방
	1202	신종	동경의 난	신라 부흥 운동
	1217	고종	최광수의 난	(　　　) 부흥 운동
	1237	고종		백제 부흥 운동
고려 말기	1363	공민왕	(　　　)의 변	(　　　)의 군공 시기
15세기	1453		이징옥의 난	재상 세력의 권력욕
	1467		이시애의 난	결과 : (　　　) 폐지
	1500	연산군		(　　　) 출신 도둑
16세기	1559	명종		(　　　) 출신 도둑 → (　　　)이 진압
	1589		정여립 모반 사건	동인과 서인의 대립
	1596			임진왜란 중 사회혼란
17세기			이괄의 난	인조반정 논공행상에 대한 불만
	?	숙종		(　　　) 출신 도둑 → (　　　)이 진압 시도
18세기	1728	영조		노론에 대한 편당적 조처
19세기	1811	순조		서북민에 대한 차별
	1862		임술농민봉기	삼정의 문란
	1882	고종	임오군란	구식 군대 차별
	1884	고종	갑신정변	급진적 개혁의 시도
	1894	고종	동학농민운동	지배층의 수탈과 외세의 침입

단답형으로 생각 키우기

01 묘청의 난과 관련하여 답하시오.

구분	내용
① 서경세력(묘청과 ○○○)	
② 서경에 지은 궁궐	
③ 국호	
④ 연호	
⑤ '조선사 연구초'에서의 평가	

02 고려 시대에 일어난 다음 사건은?

구분	사건
① 측근세력과 문벌귀족이 대립한 대표적인 사건	
② 문벌귀족 사회의 붕괴를 촉진한 사건	
③ 척준경이 궁궐을 불태운 사건	
④ 반란 진압 후 15개조 유신령이 발표된 사건	
⑤ 스스로 국공(國公)이라 불렀고 자신의 생일을 인수절이라 하였으며 아들 의장이 현화사에 머물렀던 인물이 일으킨 사건	

03 무신 정권기의 반란은 다음과 같다. 빈칸을 채우시오.

구분	반란
① 반무신란	(　　　)의 난 (　　　)의 난 교종 승려의 반란
② 신분해방 성격의 민란	(　　　　)의 난 전주 관노의 난 (　　　　)의 난 (　　　)의 난 진주 노비의 난
③ 부흥운동 성격의 민란	동경의 난 (　　　)의 난 이연년의 난

04 임술농민봉기의 원인과 결과는?

THEME 26 성리학과 붕당 정치

> **명호쌤의 한마디**
> - 현대의 정당 정치와 달리 조선의 붕당 정치는 '학파적 성격'을 가진다. 그러므로 성리학과 붕당 정치를 한꺼번에 공부하는 것이 좋다.
> - 각 붕당의 특징을 구분하는 연습이 필요하다.

붕당 이름 넣기 연습

01 척신 정치의 청산에 대한 입장 차이와 이조 전랑 자리 다툼 문제로 사림파는 (　　　)과 (　　　)으로 갈라졌다.

02 명종 때 정권에 참여하지 않았다가 새롭게 정계에 등장한 신진 사림을 중심으로 (　　　)이 형성되었다. 훈구세력의 비리를 비판하는데 엄격했던 (　　　)의 생리는 도덕적 신념을 중시한 주리파와 일치하였다.

03 이이와 성혼의 학문을 계승한 (　　　)은 제도 개혁을 통한 안민(安民)을 강조하였다.

04 (　　　)의 생각은 결코 외척을 등용할 수 없다는 것이었고, (　　　)의 생각은 의겸이 공로가 많을뿐더러 선비인데 어찌 앞길을 막느냐는 것이었다.

05 정철에 대한 처벌 수준 문제로 온건파인 (　　　)과 급진파인 (　　　)으로 나뉘었다.

06 임진왜란 전에는 (　　　)이 집권하고 있었으나, 임진왜란이 끝난 뒤에는 (　　　)이 집권하였다.

07 조식과 서경덕의 문인은 (　　　)을 구성하였다.

08 세자 책봉 문제로 인하여 영창대군을 지지하는 (　　　)과 광해군을 지지하는 (　　　)으로 나뉘었다.

09 (　　　)은 (　　　)이 주도한 인조반정에 의해 몰락하였다.

10 (　　　　)과 (　　　　)은 인조반정 때부터 예송논쟁 때까지 연합하여 공존하는 구도를 유지하였다.

11 예송논쟁에서 (　　　　)은 '천하의 예는 모두 같은 원칙에 따라야 한다'고 주장하였으나, (　　　　)은 '임금의 예는 보통 사람과 다르다'고 주장하였다.

12 기해예송에서 (　　　　)은 1년복을, (　　　　)은 3년복을 주장하였으며, 갑인예송에서 (　　　　)은 9개월복을, (　　　　)은 1년복을 주장하였다.

13 (　　　　)은 (　　　　)에 비하여 대신 주도의 신권 정치를 중시하였다.

14 (　　　　)은 노비 속량과 서얼 허통에 적극적이었던 반면에 (　　　　)은 기존의 신분질서를 유지할 것을 주장하였다.

15 경신환국으로 (　　　　)이 (　　　　)을 탄압하게 되었고, 이때 (　　　　)은 (　　　　)과 (　　　　)으로 분열하였다.

16 경신년 출척이 있은 뒤 송시열은 (　　　　)이 되고, 윤증은 (　　　　)에 가담하였다.

17 기사환국 때 균(경종)의 세자 책봉을 지지하였던 (　　　　)이 집권하여 (　　　　)을 축출하였다.

18 폐비 민씨의 복위 문제로 발생한 갑술환국으로 인하여 (　　　　)이 집권하여 (　　　　)을 축출하였다.

19 신임사화는 경종 즉위 후 (　　　　)이 (　　　　)을 탄압한 사건이다.

20 이인좌의 난은 관직에서 소외되기는 하였지만 서울과 지방의 명문 사대부 가문 출신이었던 (　　　　)과 (　　　　)의 강경파가 주도하여 일으킨 반란이다.

21 (　　　　)은 광해군의 중립외교를 지지하였으나 (　　　　)은 광해군을 비판하고 친명배금 정책을 추진하여 후금을 자극하였다.

22 효종 때에는 (　　　　)을 중심으로 북벌이 추진되었으나, 숙종 초에는 (　　　　)을 중심으로 북벌이 추진되었다.

23 북벌을 준비한다는 구실로 어영청은 (　　　)의 권력 유지 방편으로 이용되었다.

24 인물성동이론 논쟁은 (　　　) 내부의 논쟁이었다.

25 양명학은 17세기 후반 (　　　) 학자들에 의해 본격적으로 수용되었다.

26 중농학파는 농촌의 (　　　) 출신 학자가 중심이 되었다.

27 흥선대원군 집권기에는 (　　　), (　　　), (　　　), (　　　) 계열을 능력에 따라 등용하는 이른바 사색등용이 추진되었다.

28 허목의 「동사」와 홍여하의 「동국통감제강」에서는 붕당정치의 폐해를 역설하는 (　　　)의 입장이 반영되어 있다.

29 유계의 「여사제강」은 (　　　) 사이에서 가장 추앙받는 사서로 손꼽힌다.

30 동국진체를 개발한 이광사와 「연려실기술」을 쓴 이긍익의 당파는 (　　　)이다.

31 박세채는 탕평이란 말을 사용하면서 (　　　)과 (　　　)을 서로 조정하여 화합시켜 붕당정치 형태를 회복할 것을 촉구했다.

32 사도세자 사건을 계기로 (　　　)와 (　　　)로 나뉘었다.

단답형으로 생각 키우기

01 동인이 남인과 북인으로 분당(分黨)하게 된 계기는? (3개)

02 남인이 집권하게 된 계기는? (3개)

03 자기 붕당을 '군자당', 상대 붕당을 '소인당'으로 부른 시기는?

04 ① 호론의 주장과 ② 낙론의 주장은 각각 무엇에 영향을 주었는가?

05 다음 사건의 의미를 쓰시오.
　① 이황과 기대승의 논쟁
　② 김효원과 심의겸의 대립
　③ 송시열과 윤휴의 대립
　④ 송시열·송준길과 허목·허적의 대립
　⑤ 송시열과 윤증의 분리
　⑥ 장희빈과 폐비민씨의 대립
　⑦ 이간과 한원진의 대립

THEME 27 의병과 항일의병

명호쌤의 한마디

• 의병은 정부의 부름을 받지 않고 국가를 지키기 위해 나선 사람들을 말한다. 의병 문제는 '왜란의 의병', '호란의 의병', '항일의병' 중심으로 출제된다.

단답형으로 생각 키우기

01 임진왜란의 7단계는? (관군 중심)

①	
②	
③	
④	이여송(평양 전투 승리, 백제관 전투 패배)
⑤	
⑥	
⑦	

02 임진왜란의 ① 3대 대첩, ② 거북선이 최초로 출현한 전투, ③ 정유재란의 전투는?

03 임진왜란 때 다음 각 지역에서 거병한 의병장은?

지역	의병장
① 경남 의령	
② 경남 합천	
③ 충북 옥천	
④ 전남 나주	
⑤ 전남 담양	

04 호란의 원인은?

① 서인의 (　　　　　　　) 정책

② (　　　　　　)의 난 잔당들의 후금 자극

③ (　　　　　　)의 명군, 가도에 주둔

05 다음에 해당하는 인물은?

① 정묘호란 때 의병(1명)

② 병자호란 때 척화주전론자(4명)

③ 병자호란 때 주화론자(1명)

④ 병자호란 때 백마산성 전투, 병자호란 후 개인적인 북벌(1명)

06 태조 때 명과 '갈등(불편한 관계)'이었던 이유는? (3개)

07 조선 시대 여진족에 대한 강경책(1개), 회유책(4개)은?

08 다음 약조를 체결한 '왕'과 내용은?

약조	왕	세견선	세사미두
① 계해약조	( )	( )	200섬
② 임신약조	( )	25척	( )
③ 기유약조	광해군	( )	100섬

09 을미의병과 관련하여 답하시오.

① 원인

② 구성원

③ 대표적인 의병장

10 을사의병과 관련하여 답하시오.

① 원인

② 대표적인 의병장 및 활동 지역

11 정미의병과 관련하여 답하시오.

① 원인

② 대표적인 의병장

12 ① 을사조약 때 자결한 인물, ② 고종퇴위 및 군대해산 때 자결한 인물, ③ 한일 강제병합 때 자결한 인물은?

THEME 28 오랑캐

> **명호쌤의 한마디**
>
> • 우리 역사는 북방 민족과의 '싸우고' '교역하는' 역사였다. 그러므로 우리 역사에 직접적인 영향을 준 '오랑캐'를 정리하는 것은 의미가 크다.

우리 역사 속에서의 흉노, 선비족, 돌궐

01 위만 조선은 외교적으로 북방의 (　　　　)와 연결되어 있었기 때문에 한(漢)과 대립하였다.

02 부여는 3세기 말에 (　　　　)의 침략을 받아 쇠퇴하였다.

03 고구려 고국원왕은 (　　　　) 전연 모용황의 침입으로 국가적 위기를 맞았다.

04 고구려 광개토대왕은 (　　　　)을 격파하고 요동을 확보하였다.

05 수가 동북쪽으로 세력을 확대하려 하자, 고구려는 북쪽의 (　　　　)과 남쪽의 백제·왜와 연결하는 연합 세력을 구축하면서 상황을 타개하려고 하였다.

06 발해는 당과 신라를 견제하기 위하여 (　　　　)과 친선 관계를 유지하였으며, 당과 연결된 신라를 견제하기 위하여 일본과 친선 관계를 유지하였다.

우리 역사 속에서의 거란족

01 916년 거란족이 나라(거란)를 세웠고, 947년 국호를 (　　　　)로 개칭하였다.

02 926년 (　　　　)에 의해 홀한성이 포위되었다. (발해는 거란의 침략을 받아 멸망하였다.)

03 발해는 당, 신라, 거란, 일본 등과 무역하였으며, 특히 거란과의 교통로로 (　　　　)가 있었다.

04 (　　　　)은 후당, 오월과도 통교하는 등 대중국 외교에 적극적이었으며, 거란, 왜와도 통교하였다.

05 고려 태조는 거란에 대해 적대관계를 유지하여, 거란이 보낸 낙타 50필을 굶겨 죽인 (　　　　) 사건이 발생하기도 하였다.

06 고려 정종은 거란을 대비하여 (　　　　)을 조직하였다.

07 거란 (　　　　)이 80만 대군을 이끌고 침입하였을 때, (　　　　)는 외교담판으로 강동 6주를 획득하였다.

08 거란 성종이 (　　　　)의 정변을 구실로 침입하였을 때, 강화를 맺고 퇴각하는 거란을 양규가 크게 이겼다.

09 거란 (　　　　)이 침입하였을 때 퇴각하는 거란을 강감찬이 귀주대첩에서 섬멸하였다.

10 고려가 거란의 침입을 막아내자, 고려, 송, 거란 사이에는 세력 (　　　　)이 유지될 수 있었다.

11 고려는 불력으로 거란 침입을 물리치기 위하여 (　　　　)을 판각하였다.

12 고려는 거란과의 전쟁이 끝난 후 (　　　　)에 나성을 축조하였다.

13 의천은 흥왕사 내에 교장도감을 설치하여 나라 안에 흩어져 있던 고서(古書)를 수집하고, (　　　　)·(　　　　)·(　　　　)으로부터 불서(佛書)를 구입하여 대장경을 보완한 속장경(續藏經, 교장)을 간행하였다.

14 1219년 몽골 세력에 밀린 거란(대요수국)이 고려를 침입하였을 때 고려, 몽골, 동진국이 연합하여 (　　　　)에 포위된 거란을 격퇴하였다.

15 고려는 건국 초기부터 왕조실록을 편찬하였으나 (　　　　) 침입으로 소실되었다.

우리 역사 속에서의 여진족

01 광개토대왕은 (   )(읍루)을 정벌하였다.

02 고구려 장군 출신인 대조영은 고구려 유민과 (   ) 집단으로 구성된 발해를 건국하였다.

03 당과 흑수말갈이 직접 교류를 시도하자, 발해 무왕은 (   )로 하여금 산둥 지방을 공격하게 하였다.

04 발해 (   )은 대부분의 말갈족을 복속하여 요동 지역으로 진출하였다.

05 통일신라의 중앙군인 (   )은 신라인 3개 서당, 고구려인 3개 서당, 백제인 2개 서당, 말갈족 1개 서당으로 구성된 군사 조직이었다.

06 윤관은 여진족을 대비하기 위하여 신기군, 신보군, 항마군으로 구성된 (   )을 편성하였다.

07 1107년 여진을 정벌하여 (   )을 개척하였으나, 1109년 (   )을 반환하였다.

08 1115년 (   )가 요나라를 정복하고 금을 건국하였다.

09 금이 고려에 (   )관계를 요구하자 이자겸이 사대를 수락하였다.

10 김부식, 김인존 등 개경세력은 금과의 사대 관계를 주장하였으나, 묘청, 정지상 등 서경 세력은 (   )을 주장하였다.

11 세종은 최윤덕, 김종서로 하여금 여진족을 소탕하게 하고, 압록강 유역과 두만강 유역에 (   )을 개척하였다.

12 조선은 여진과의 교류에 있어 교린 정책을 원칙으로 하였다. 그 결과 경원, 경성 등 국경 지역에 (   )를 설치하였으며, 여진 사신 접대 장소인 (   )을 통해 조공 무역이 이루어졌다.

13 16세기 중종 때 (   )과 (   )의 침입에 대비하기 위해 임시회의 기구로서 비변사를 설치하였다.

14 1583년(선조 때) 여진족 (   )가 반란을 일으켰다.

15 1616년 만주에서는 (   )가 여진족을 통일하고 후금을 세웠다.

16 광해군은 명과의 관계를 유지하는 동시에 (   )과도 친선을 도모하는 중립 외교 정책을 폈다.

17 후금은 광해군의 복수를 구실로 조선을 침입하였고, (   )관계를 맺은 후 철수하였다.(정묘호란)

18 1636년 후금은 국호를 (   )으로 고쳤다.

19 청이 (   )관계를 요구하자 주전파와 주화파가 대립하게 되었고, 주전론이 우세하자 청의 태종이 침입하였다.(병자호란)

거란, 여진

01 북쪽 국경 일대에 압록강 하류에서 도련포에 이르는 천리장성을 쌓아 거란과 여진의 침략에 대비하였다.

02 고려 시대에 거란과 여진으로부터 은, 모피, 말을 수입하였고, 거란과 여진에 농기구, 곡식(식량)을 수출하였다.

THEME 29 역사서의 역사

명호쌤의 한마디

- 시험을 출제하는 분들도 늘 '역사서'를 보며 연구를 한다. 그러므로 역사서는 그 자체가 역사의 연구 대상이다.
- 우리나라의 가장 오래된 역사서는 고려 시대의 「삼국사기」이다. 그러므로 고려 시대와 조선 시대의 역사서를 비교하며 정리하는 것이 역사서의 역사를 공부하는 방법이다.

역사서 13 포인트

번 호	주 제	숙지해야 할 내용
1	詩 형식	
2	단군신화 수록	
3	정통의식, 대의명분	
4	삼국사기 + 성리학	
5	삼국사기 + 고조선	
6	고려국사 계승	
7	삼국사절요 + 고려사절요	
8	"자주적 입장에서 재정리"	
9	동국통감 비판	
10	기자 중시	
11	강목체	고려사 → 동국통감 →
12	삼한정통론	
13	반도사관 탈피	

단답형으로 생각 키우기

01 '타율성론'에 포함되는 세 가지 식민사관은?

02 우리나라의 역사가 원시공산사회, 노예제사회, 봉건사회, 이식자본주의 사회로 이행했다고 주장한 인물은?

03 '편년체'를 채택한 역사서의 제목의 특징은? (4개)

04 '기사본말체'(백과사전식 서술)의 역사서는?

05 고구려의 '유기'를 간추려 편찬한 역사서는?

06 ① 신라 계승 의식, ② 고구려 계승 의식, ③ 고조선 계승 의식을 담은 고려의 역사서는?

07 '제왕운기'와 관련하여 답하시오.

① 『제왕운기』는 원간섭기(충렬왕 때) (　　　　)가 편찬하였다.
② 『제왕운기』는 (　　　　) 사관(의식)을 바탕으로 편찬되었다.
③ 『제왕운기』에는 (　　　) 신화가 수록되어 있다.
④ 『제왕운기』는 (　　　) - 기자 - 위만으로 이어지는 3조선설을 처음 채용하였다.
⑤ 『제왕운기』는 우리 역사 서술을 (　　　)에서부터 시작하였다.
⑥ 『제왕운기』는 우리 역사를 (　　　)사와 대등하게 파악하였다.
⑦ 『제왕운기』는 (　　　)과 우리나라의 역사를 병렬적으로 서술하였다.

(1) • 발해사를 본국사에 포괄하였다.
 • 요동 동쪽은 중국과는 다른 별도의 세계였다고 보았다.
 • 단군조선에서부터 우리 역사가 시작되는 것으로 보았다.
 • 삼한, 삼국, 예맥, 부여, 옥저 등 모든 고대 국가들이 단군 후손에 의해 세워진 것으로 보았다.

(2) 요동 이동이 중국과는 다른 별도의 세계였다고 밝히고, 중국사와 우리나라 역사를 전설시대부터 그 당시에 이르기까지 병렬적으로 대비해 서술하였다. 우리나라의 역사서술을 단군조선에서부터 시작하였고, 신라 중심의 역사인식에서 탈피하여 발해사를 우리나라 역사에 포괄하였다.

(3) 신이 지은 이 책을 정성스럽게 두 권으로 만들어 바칩니다. …(중략)… 옛날부터 지금에 이르기까지 임금에서 임금으로 전한 역사를 드디어 완성하였습니다. 중국은 반고*로부터 금나라까지이고, 우리나라는 단군으로부터 본조(고려)까지이온데, 나라가 시작된 근원부터 참고 자료를 널리 탐색하여 흥망성쇠의 같고 다름을 비교하여 매우 중요한 점을 간추려 운(韻)을 넣어 읊고 거기에 비평의 글을 덧붙였나이다.

* 반고 : 중국의 건국 설화에 등장하는 신

08 "본기 28권… 열전 10권"으로 구성된 역사서는?

09 ① 유교적 합리주의 사관, ② 민족적 자주사관, ③ 불교적 신이사관, ④ 성리학적 유교사관으로 쓴 역사서는?

10 불교사를 중심으로 고대의 민간 설화나 전래 기록을 수록한 역사서는?

11 실록을 보관하였던 ① 임진왜란 전의 사고, ② 임진왜란 후의 사고는?

12 실록을 편찬할 때 토대가 된 가장 중요한 자료 두 가지는?

13 『고려사』와 관련하여 답하시오.

① 『고려사』는 (   ) 대에 와서 왕명으로 (   ), (   ) 등에게 명하여 편찬이 시작되었다.
② 『고려사』는 (   ) 원년에 편찬이 완료되었다(1451).
③ 『고려사』는 『(   )』를 계승하여 고려시대의 역사를 재정리한 기전체 역사서이다.
④ 『고려사』는 (   ) 46권, 지 39권, 연표 2권, 열전 50권, 목록 2권, 합계 139권이었다.
⑤ 편년체로 된 『(   )』는 『고려사』 편찬이 완료된 다음 해 2월에 완성되었다.
⑥ 『고려사』는 "신우, 신창을 세가에 넣지 않고 (   )으로 내려놓아" 고려 말의 사실을 왜곡하였다.

(1) 정헌대부 공조판서 집현전 대제학 지경연 춘추관사 겸 성균 대사성 신 정인지(鄭麟趾) 등은 삼가 말씀드립니다. 듣건대 새 도끼 자루를 다듬을 때에는 헌 도끼 자루를 표준으로 삼으며 뒷 수레는 앞 수레의 넘어지는 것을 보고 자기의 교훈으로 삼는다고 합니다. 대개 지난 시기의 흥망은 장래의 교훈이 되기 때문에 이 역사서를 편찬하여 올리는 바입니다.

(2) 고려 왕씨는 태봉국에서 일어나 신라의 항복을 받고 후백제를 멸망시켜 삼한을 통일한 후 요나라에 반대하고 당나라를 섬기며 중국을 존중하여 동방을 보전하였습니다. …(중략)… 그 후 원종(元宗)이 큰 난을 평정하여 겨우 왕조의 운명을 위기로부터 보존했는데 충렬왕(忠烈王)은 자기가 총애하는 신하들만 가까이하고 연회와 놀이를 일삼다가 결국 부자간에 불화가 일어나기까지 되었습니다. 또 충숙왕(忠肅王) 이후 공민왕(恭愍王) 때까지 변고가 여러 번 일어나서 나라가 점점 더 쇠약해졌으며, 국가의 근본은 다시 (⑦   ) 때에 더욱 위태로워졌습니다.

(3) (⑧　　　　　　)은 조상의 뜻을 계승하여 문화 사업을 발전시키고 역사를 편찬하는 데 반드시 모든 서술이 구비되어야 한다고 생각하시고, 다시 역사 편집국을 설치하여 이를 편찬하게 했습니다. 그 전의 서술들은 연대와 순서가 정확하지 못하고 누락된 것이 많을 뿐만 아니라 편년체로 되어 있기 때문에 기(紀), 전(傳), 표(表), 지(志)의 서술법과 달라 사실의 서술이 그 시종 본말을 알 수 없게 되어 있었습니다. 그리하여 왕은 다시 어리석은 저에게 편찬의 임무를 맡기셨습니다.

(4) 이 역사를 편찬하면서 범례는 다 사마천(司馬遷)의 『사기(史記)』에 준하고, 기본 방향들은 다 직접 왕에게 물어서 결정했습니다. 본기(本紀)라는 이름을 피하고 (⑨　　　　)라고 한 것은 대의명분의 중요성을 나타내기 위함이며, (⑩　　　　)와 (⑪　　　　)을 세가에 넣지 않고 (⑫　　　　)으로 내린 것은 그들이 참람하게 왕위를 도둑질한 사실을 엄히 논죄하려는 것입니다. 충신과 간신, 부정한 자와 공정한 사람들은 다 열전을 달리하여 서술했으며, 제도 문물은 각각 그 종류에 따라 분류해 놓았습니다. 왕들의 계통은 문란하지 않게 하였으며 사건들의 연대를 참고할 수 있게 하였습니다. 사적들은 될 수 있는 대로 상세하고 명확하게 하고, 누락된 것과 잘못된 것은 반드시 보충하고 바로잡도록 하였습니다. 그러나 유감스럽게도 책을 완성하여 활자로 출판하기 전에 왕이 갑자기 돌아가셨습니다.

(5) 편찬한 『고려사』는 세가 46권, 지 39권, 표 2권, 열전 50권, 목록 2권으로 모두 139권입니다. 삼가 초고 한 질을 완성하여 전문과 함께 올립니다. 지극히 간절하고 두려운 마음으로 신 정인지 등은 황송히 머리를 조아릴 뿐입니다.

14 우리나라의 최초의 통사는?

15 사림 계열의 역사인식이 반영되어 '사론'이 풍부한 역사서는?

16 절의를 지킨 인물을 찬양하고, 기자조선을 높이 평가한 역사서는?

17 중국과 일본의 자료 등 "500여 종의 외국자료"를 참작하여 쓴 역사서는?

18 우리나라의 자연환경과 풍속, 인성의 독자성을 강조한 17세기의 역사서는?

19 서인의 입장에서 북벌 운동을 지지한 17세기의 역사서는?

20 '삼한 정통론'을 내세우고, '고증 사학의 토대'를 마련한 역사서는?

21 반도사관을 탈피하고, 만주를 중시한 조선 시대의 역사서는? (2개)

22 조선 시대의 정치와 문화를 야사를 중심으로 정리한 역사서는?

23 '발해'가 수록된 역사서는?

24 조선 후기 정통론과 관련하여 답하시오.

① 홍여하의 『   』(현종) - 남인
조선 초기의 『동국통감』을 주자의 강목법에 의거해 재정리한 것으로 여기에는 기자-마한-신라를 정통으로 보는 영남남인의 입장이 들어 있다.

② 유계의 『   』(현종) - 서인, 노론
주자의 강목법에 의거하되 서인의 입장에서 고려시기의 역사를 정리한 것이다. 홍여하가 후삼국시기 신라를 정통으로 본 것과 달리 『여사제강』에서는 무정통(無正統)의 시기로 보았다.

③ 임상덕의 『   』(숙종) - 소론
유계의 『여사제강』을 계승하는 한편, 조선 초기의 『동국통감』을 저본으로 하여 고대사 부분을 보충하고 강목체 사학의 체제를 보다 정비하였다. 마한은 나라를 잃은 기자의 후예가 피난을 와서 세웠다는 이유로 정통에서 제외하고 삼국을 무정통으로 보았다. (통일신라 이후의 시대만 정통성을 인정) 삼국무통-통일신라-통일고려로 체계화하였다.

④ 홍만종의 『   』(숙종) - 소론
그는 소론계로서 노론계가 중시하던 『여사제강』에 대한 비판의식을 갖고 『동국역대총목』을 지었다. 이 점은 임상덕의 『동사회강』과 같다. 그러나 『동국역대총목』은 실세 위주로 역사를 파악하였다. 또 우리 역사를 단군을 정통으로 하여 시작하였다. 홍만종은 단군-기자-마한-삼국무통-통일신라-고려-조선으로 정통론을 체계화하였다.

⑤ 이익(영조) - 기호남인
단군-기자-마한-삼국무통-통일신라-고려로 체계화하였다.

⑥ 안정복의 『   』(정조) - 남인
단군-기자-마한-삼국무통-통일신라-고려로 되어 있다. 마한을 정통으로 보는 것은 홍여하의 입장과 같다. 그러나 삼국을 무정통으로 본 것은 영남남인과는 달리 기호남인으로서의 입장이다.

⑦ 이종휘의 『   』
단군-부여-고구려의 흐름에 중점을 두면서 기자-마한의 흐름이 고구려에 계승되는 것으로 체계화하였다. 즉 단군-기자-마한-고구려의 삼한정통론적 입장을 취하여, 기자-마한의 흐름이 고구려에 연결되는 것으로 보았다.

THEME 30 흥선대원군

명호쌤의 한마디

- 흥선대원군은 왕은 아니었지만 어린 아들(고종) 대신 섭정을 하며 실제로는 왕처럼 일하였다. 그러므로 '고종 때' 흥선대원군이 한 일은 대원군이라는 '인물' 문제로 출제된다.
- 세도 정치기의 왕권 약화, 삼정의 문란, 이양선의 출현 등의 문제를 해결하기 위해 대원군이 시행했던 정책들을 구분해서 볼 수 있어야 한다.
- 흥선대원군은 1863~1873년까지 섭정을 했지만, 1882년(임오군란)과 1894년(갑오개혁)에 정계에 잠시 등장한다. 대원군의 집권 시기를 이렇게 3단계로 나누어 이해할 수 있어야 하겠다.

단답형으로 생각 키우기

01 흥선대원군과 관련된 다음 질문에 답하시오.

① 이름(　　　　)
② 집권 시기(3회)(　　　,　　　　,　　　　)
③ 전정의 문란을 개선하기 위한 정책(　　　,　　　　)
④ 군정의 문란을 개선하기 위한 정책(　　　　)
⑤ 환곡의 문란을 개선하기 위한 정책(　　　　)
⑥ 의정부와 삼군부를 부활시키기 위해서 폐지한 관청(　　　　)
⑦ 통치체제 정비를 위해 편찬한 법전(　　　,　　　　)
⑧ 경복궁 중건을 위해 발행한 화폐(　　　　)
⑨ 철폐한 사당(명 황제 제사)(　　　　)
⑩ 아버지(　　　　)
⑪ 청에 잡혀간 대원군의 귀국을 주장한 사건(　　　　)

02 흥선대원군 집권 초기인 1864~1868년에 발생한 대표적인 사건은?

1864	
1865	
1866	
1867	
1868	

03 병인양요 때, ① 침략한 '제독', ② 방어한 장수, ③ '탈취' 당한 것은?

04 신미양요 때, ① 침략한 '제독', ② 방어한 장수, ③ '탈취' 당한 것은?

05 ① 척화비의 내용을 지은 '때', ② 척화비를 세운 '때', ③ 척화비가 철거된 '때'는?

06 대표적인 통상개화론자는?

07 역관 오경석이 중국에서 들여온 책은? (2권)

08 박규수의 대표적인 업적은? (3개)

THEME 31 개화기 관청 / 기구

명호쌤의 한마디

- 개화를 추진했던 기구에는 통리기무아문, 기무처, 교정청, 군국기무처 등이 있다. 여기에서 통리기무아문은 1880년에 만들어져서 임오군란 때 없어졌다는 점, 교정청은 동학농민군의 봉기와 함께 설치되었다는 점, 군국기무처는 제1차 갑오개혁을 추진했다는 점을 중심으로 이해해야 한다.

개혁 기구의

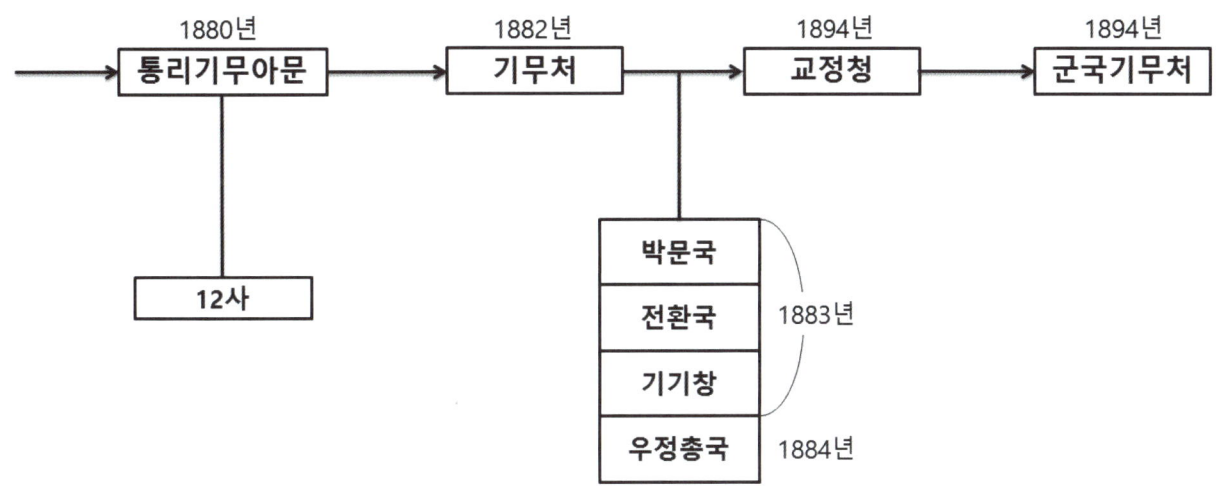

단답형으로 생각 키우기

01 통리기무아문 아래에 둔 12사는? (3개 이상)

02 임오군란이 일어난 1882년에 ① 폐지된 개혁 기구, ② 설치된 개혁 기구는?

03 영선사는 (   )년에 중국으로 출발하여, (   )년에 귀국하였다. 영선사의 건의로 (   )년에 기기창이 설치되었다.

04 군국기무처의 ① 총재, ② 부총재는?

THEME 32 근대 개혁안과 조약

명호쌤의 한마디

- 근대적인 개혁안은 갑신정변 때부터 본격적으로 제시되었다. 우리는 갑신정변의 신정부 강령, 동학농민군의 폐정개혁안, 제1차 및 제2차 갑오개혁의 개혁안, 을미개혁의 개혁안, 독립협회의 헌의 6조, 대한제국의 광무개혁의 내용을 구분할 수 있어야 한다.

주요 개혁안 구분 연습

번 호	내 용	개혁안, 조약 등
1	조세의 징수와 경비 지출은 모두 탁지아문이 관할한다.	
2	모든 재정은 호조에서 통할한다.	
3	중국과 친하고, 일본과 맺고, 미국과 이어짐으로써 자강을 도모할 따름이다.	
4	러시아는 본래 우리와는 혐의가 없는 나라입니다. 공연히 남의 이간을 듣고 원교를 핑계로 근린을 배척하였다가, 만일 이것을 구실 삼아 분쟁을 일으키면…	
5	조선국의 연해, 도서, 암초는 종전에 조사하지 않아 지극히 위험하므로 일본국의 항해자가 자유로이 연안을 측량함을 허가하도록 한다.	
6	청상과부의 개가를 허용한다.	
7	북경과 한성의 양화진에서 개잔무역을 허락하되 양국 상인의 내지채판을 금하고, 다만 내지채판이 필요한 경우, 지방관의 허가서를 받아야 한다.	
8	만약 타국이 협박모욕하는 일이 있게 되면 알려서 서로 돕고 거중 조정함으로써 그 우위의 두터움을 표시한다.	
9	(　　　)에 의존하는 생각을 버리고 자주독립의 기초를 세운다.	2차 갑오개혁(1894)
10	외국인에게 의지하지 말고 관민이 한마음으로 힘을 합하여 전제황권을 견고하게 할 것	
11	대신과 참찬은 의정부에 모여 정령을 의결하고 반포한다. 의정부, 6조 외의 모든 불필요한 기관을 없앤다.	
12	부산항에 있어서는 일본국 인민이 통행할 수 있는 도로의 이정은 방파제로부터 기산하여 동서남북 각 직경 10리로 정한다.	
13	영국 군함은 개항장 부산, 인천, 한성, 양화진 외에 조선 국내 어디에서나 정박할 수 있다.	
14	(　　　　)을 개혁하여 관리의 부정을 막고 백성을 보호하며, 국가재정을 넉넉하게 한다.	갑신정변(1884)

15	양 체약국은 조선국이 어느 때든지 어느 국가나 어느 나라 상인 또는 공민에 대하여... 특혜를 허가할 때에는 이와 같은 권리 특권 및 특혜는 미합중국의 관민과 상인 및 공민에게도 무조건 균점된다.	
16	7종의 천인차별을 개선하고 백정이 쓰는 평량갓은 없앤다.	
17	조선국은 5만원을 내어 해를 당한 일본 관리들의 유족 및 부상자에게 주도록 한다. 일본 공사관에 군인 약간을 두어 경비한다. 그 비용은 조선국이 부담한다.	
18	각 도의 환상미를 영구히 받지 않는다.	
19	부산, 원산, 인천 각 항의 간행이정을 확장해 각 50리로 하고, 2년 후를 기해 다시 각 100리로 한다.	
20	중대 범죄는 공판을 하되, 피고의 인권을 존중하여 자복한 뒤 시행할 것	
21	혜상공국을 혁파한다.	
22	조선국은 자주의 나라이며, 일본과는 평등한 권리를 가진다.	
23	대한국 대황제께서는 무한한 군권을 향유하시느니라.	
24	조선국에서 가뭄과 홍수, 전쟁 등으로 인하여 국내에 양식이 결핍할 것을 우려하여 일시 쌀 수출을 금지하려고 할 때에는 1개월 전에 지방관이 일본 영사관에게 통지하여야 한다.	
25	청에 잡혀간 흥선대원군을 곧 돌아오도록 하게 하며, 종래 청에 대하여 행하던 조공의 허례를 폐지한다.	
26	무명의 잡세는 일체 폐지한다.	
27	경기, 충청, 전라, 경상, 함경 5도의 연해 중에 통상에 편리한 두 곳을 택한 후 지명을 지정한다.	
28	현재 이후 국내외의 공사 문서에는 개국기원을 사용할 것	
29	외국과의 이권에 관한 계약과 조약은 각 대신과 각 중추원 의장이 합동 날인하여 시행할 것	
30	토지는 균등하게 나누어 경작한다.	
31	일본국 인민이 조선국 지정의 각 항구에 머무르는 동안에 만약 죄를 범한 것이 조선국 인민에게 관계되는 사건일 때에는 모두 일본국 관리가 심의한다.	
32	내시부를 없애고, 그중에 우수한 인재를 등용한다.	
33	횡포한 부호를 엄징한다.	
34	4영을 합하여 1영으로 하되, 영 중에서 장정을 선발하여 근위대를 급히 설치한다.	
35	양이의 화가 금일에 이르러서는 비록 홍수나 맹수의 해일지라도 이보다 심할 수 없겠습니다.	
36	서양의 학문은 천리(天理)를 어지럽히고, 기강을 소멸시킴이 심함은 다시 말할 필요도 없습니다.	
37	사거한 일본국의 인민의 유족과 피해 입은 부상자에 대해 진휼하고, 일본국 상인들의 화물이 파손된 것에 관해 조선국이 10만원을 배상금으로 지불한다.	

단답형으로 생각 키우기

01 강화도 조약의 ① 체결 배경(4개), ② 제1조, 제7조, 제10조의 내용은?

02 1876년~1885년 사이에 조선과 일본이 맺은 조약 7개는?

03 조-미 수호 통상 조약의 ① 체결 배경(1866, 1876, 1880년의 사건), ② 제1조, 제4조, 제5조, 제14조는?

04 조청상민수륙무역장정의 주요 내용은? (4개)

05 ① 제1차 수신사가 쓴 책, ② 제2차 수신사가 가져온 책은?

06 박정양이 ① 1881년에 다녀온 사절단, ② 1894년 부총재였던 정책기구, ③ 1898년 참여하였던 대중집회는?

07 1876년~1884년 사이에 파견된 해외사절단 6개는?

08 ① 노사문집, ② 화서집, ③ 면암집, ④ 일동기유, ⑤ 사화기략의 저자는?

09 ① 5불가소(지부복궐척화의소), ② 영남만인소, ③ 만언척사소는 누가 올린 상소인가?

10 1881년의 주요 사건은?

| ① 이만손의 ( ) |
| ② 중국에 ( ) 파견 |
| ③ 5군영을 ( )으로 개편 |
| ④ 신식 군대 ( ) 설치 |
| ⑤ 일본에 ( ) 파견 |

11 1883년에 '다시 진행된 개화정책'에 따라 설치된 관청은? (3개)

12 1885년의 주요 사건은?

| ① (　　　　　　)의 조선중립화론 |
| ② 조선과 일본의 (　　　　　) 조약 |
| ③ 일본과 중국의 (　　　　　) 조약 |
| ④ 영국의 (　　　　　) 불법 점령 |
| ⑤ 최초의 근대적 병원 (　　　　　) 설립 |

13 다음 외국인(外國人)의 이름을 답하시오.

① 인조 때 훈련도감에 소속되어 서양식 대포의 제조법을 가르친 인물은? (　　　　　)
② 조미수호통상조약 체결에 나선 미국 대표는? (　　　　　)
③ 조미수호통상조약을 주선한 청나라의 정치가는? (　　　　　)
④ '조선책략'을 쓴 인물은? (　　　　　)
⑤ 임오군란 이후 청이 조선에 파견한 외교 고문은? (　　　　　)
⑥ 임오군란 이후 청이 조선에 파견한 군사 고문은? (　　　　　)
⑦ 육영공원의 외국인 교사였으며, 을사늑약 이후 고종의 밀서를 휴대하고 미국 대통령을 면담하려 했으나 실패한 인물은? (　　　　　)
⑧ 최초의 근대적 병원을 운영한 인물은? (　　　　　)
⑨ 조선을 스위스와 같은 영세국의 중립국으로 만들자고 건의한 인물은? (　　　　　)
⑩ 급진개화파에게 군사적, 재정적 지원을 약속한 일본 공사는? (　　　　　)
⑪ 우리나라에 파견된 초대 통감은? (　　　　　)
⑫ 105인 사건과 관련된 총독은? (　　　　　)
⑬ 대한매일신보의 대표는? (　　　　　)

14 온건개화파와 급진개화파의 대표적인 인물은?

구분	대표적인 인물	주장
온건개화파 (사대당)	민영익, 민긍익, (　　　　), (　　　　), (　　　　),	기술만 도입하자!
급진개화파 (개화당)	(　　　　), (　　　　), (　　　　), 서광범, 서재필	기술 이외에 제도를 도입하자!

15 각 시기 위정척사운동의 중심 인물과 내용은?

시기	중심 인물	내용
1860년대	화서 (　　　　), 노사 (　　　　)	(　　　) 반대(척화주전론)
1870년대	유인석, 면암 (　　　　)	(　　　) 반대(왜양일체론)
1880년대	(　　　　), 홍재학	(　　　) 반대(영남만인소)

16 영남만인소에서 ① 속방의 직분에 충실한 지가 벌써 2백년이 된 나라, ② 전란의 숙원이 가시지 않은 나라, ③ 우리가 모르던 나라, ④ 우리와 혐의가 없는 나라는?

17 1880년에 청의 제도를 모방하여 설치한 개혁 기관 및 그 하위 관청은?

18 '도봉소 사건'이 확대된 사건은?

19 ① '방곡령' 실시가 가능해진 조약, ② '방곡령'이 실제로 선포된 지역, ③ '방곡령'이 금지된 개혁은?

20 '갑신일록'에 기록된 신정부 강령 14개조는?

① (　　　　　)의 귀국, 조공의 허례 폐지
② (　　　　　) 폐지, 인민평등
③ (　　　　) 개혁
④ 내시부 폐지
⑤ 부정한 관리 치죄
⑥ 환상미 영구적 폐지
⑦ (　　　　) 폐지
⑧ 순사를 둔다.
⑨ (　　　　) 혁파
⑩ 형을 감한다.
⑪ 4영을 합하여 1영으로
⑫ 모든 재정은 (　　　　)에서 통할
⑬ (　　　　)에 모여 정령을 의결하고 반포
⑭ 의정부, 6조 외의 불필요한 기관 없앤다.

21 동학과 동학농민운동에 대한 질문에 답하시오.

질문	답
① 1대, 2대, 3대 교주	
② 한글로 지은 포교가사집	
③ 순한문 경전	
④ 반(反)○○, 반(反)○○	
⑤ 포교를 시작한 지역	
⑥ 전라도 53개 고을에 설치한 자치적 개혁기관	

22 동학농민운동의 전개 과정 5단계를 완성하시오.

① 교조신원운동 :
② 직접적 원인 :
③ 1차 봉기 :
④ 1차 봉기와 2차 봉기 사이 :
⑤ 2차 봉기 :

23 동학농민군 폐정 개혁 12조는?

① (　　　　)와 통하는 자, 탐관오리, 횡포한 부호, 불량한 유림과 양반 "엄징"
② 노비, 지벌, 7종의 천인차별, (　　　　) "폐지", (　　　　) 재가 "허용"
③ 잡세, (　　　　) "폐지"
④ (　　　　)의 평균 분작
⑤ 정부와의 서정협력

24 제1차 갑오개혁, 제2차 갑오개혁, 을미개혁, 광무개혁 중 무엇에 해당하는가?

① 은본위 화폐 제도(　　　)　② 금본위 화폐 제도(　　　)
③ 시위대 및 훈련대 설치(　　　)　④ 친위대 및 진위대 설치(　　　)
⑤ 국정사무와 왕실사무의 분리(　　　)　⑥ 의정부 및 8아문으로 개편(　　　)
⑦ 내각 및 7부로 개편(　　　)　⑧ 개국기년 사용(　　　)
⑨ 건양 사용(　　　)　⑩ 군국기무처 설치(　　　)
⑪ 홍범 14조 발표(　　　)　⑫ 23부 337군(　　　)
⑬ 과부의 재가 허용(　　　)　⑭ 과거제 폐지(　　　)
⑮ 공사노비제도 폐지(　　　)　⑯ 단발령 실시(　　　)
⑰ 부총재 박정양(　　　)　⑱ 흥선대원군의 섭정(　　　)
⑲ 내무대신 박영효(　　　)　⑳ 종두법 시행(　　　)

25 재정 일원화 주장은? (3개)

26 청일 전쟁의 강화 조약과 그 내용은?

27 임오군란 후 상권을 수호하기 위해 여각, 객주가 세운 근대적 상회사는?

28 국채보상운동(1907)에 대하여 답하시오.

질문	답
① 주요 인물	
② 시작된 지역	
③ 국채 규모	
④ 적극적으로 지원한 신문	
⑤ 실패 원인	

29 '여성통문(여권통문)'을 발표하고, '순성여학교'를 설립한 우리나라 최초의 여권 운동을 전개한 단체는?

30 근대언론과 관련한 다음 질문에 답하시오.

① 최초의 상업광고를 게재한 신문(　　　)
② 정부의 지원을 받은 최초의 민간 신문(　　　)
③ 순한글로 간행한 신문(　　　)
④ '독사신론'을 연재한 신문(　　　)
⑤ 개신유학자들이 활동한 신문(　　　)
⑥ 천도교 계열의 신문(　　　)
⑦ '만세보'를 인수하여 이완용 내각 기관지가 된 친일신문(　　　)
⑧ 연해주 교민의 신문(　　　)

31 활빈당이 1900년에 발표한 글은?

32 1898년에 창간되고, 1910년에 폐간된 신문은? (2개)

33 독립신문의 ① 창간된 때, ② 창간사 "우리는 첫째, ○○되지 아니한 고로", ③ 발행 언어는?

34 다음에 해당하는 학교는?

구분	학교명
① 우리나라 최초의 근대적 사립학교	
② 1885년에 선교사가 설립한 학교	
③ 통역관을 양성했던 관립학교	
④ 외국인 교사를 초빙하여 상류층 자제를 교육한 학교	

35 ① '신소설'의 대표적인 작품, ② '신체시'의 대표적인 작품은?

36 다음에 해당하는 조약은?

구분	조약
① 최초의 근대적 조약	
② 서양과 맺은 최초의 근대적 조약	
③ 처음으로 치외법권이 규정된 조약	
④ 처음으로 최혜국 대우가 규정된 조약	

37 갑신정변 때 고종이 이어(移御)한 궁궐 건물은?

38 개화기에 ① 최초의 위로부터의 개혁운동, ② 아래로부터의 개혁운동은?

39 임술농민봉기와 고부봉기의 주요 인물을 비교하시오.

구분	탐관오리	반란 주동자	안핵사
① 임술농민봉기	( )	( )	박규수
② 고부봉기	( )	–	( )

40 세곡 운송을 담당하는 기관으로 동학농민군이 '폐지'를 주장한 기관은?

41 동학농민운동 때 양반 지주들이 동학농민군에 맞서 조직한 군대는?

42 을미사변 직후 친러·친미파 관리들이 고종을 미국 공사관으로 피신시키려 하였으나 실패한 사건은?

43 아관파천 이후 최혜국 대우 조항에 따라 열강의 이권 침탈이 심화되었다. 각 이권을 어느 나라에 주었는지 답하시오.

이권	국가
① 경원·종성 광산 채굴권	
② 압록강·두만강·울릉도 삼림 채벌권	
③ 경인선 부설권	
④ 경의선 부설권	
⑤ 운산 금광 채굴권	

44 상권 수호 운동은 크게 두 번 있었다. 1883년 내지무역에 대응한 상권 수호 운동과 1898년 열강의 이권 침탈 심화에 대응한 상권 수호 운동이다. 두 가지를 비교하시오.

연도	구분	명칭
1883	여각·객주의 근대적 상회사	(　　　　)상회, 장통상회
1898	(　　　　　　) 단체	(　　　　　　　　)

45 ① 1895년에 세워진 교관 양성을 위한 관립 학교, ② 1900년에 세워진 최초의 중등학교는?

46 헌의 6조의 내용을 완성하시오.

① (　　　　　)에게 의지하지 말고, (　　　　　　)이 한마음으로 힘을 합하여 전제황권을 견고하게 할 것
② 외국과의 (　　　　　　)에 관한 계약과 조약은 각 대신과 중추원 의장이 합동 날인하여 시행할 것
③ 국가재정은 (　　　　　　)에서 전관하고, 예산과 결산을 국민에게 공표할 것
④ 중대 범죄는 공판을 하되, (　　　　　)의 인권을 존중하여 자복한 뒤 시행할 것
⑤ (　　　　　)을 임명할 때에는 정부에 그 뜻을 물어서 중의에 따를 것
⑥ 장정을 실천할 것

THEME 33 대한제국 / 독립협회

명호쌤의 한마디

- 대한제국이 전제군주제를 통해 황제권을 강화하려고 했던 반면에 동시대의 독립협회는 입헌군주제를 채택하려고 하였다. 대한제국과 독립협회의 이런 대립 구조가 핵심적인 부분이다. 두 조직을 잘 비교하자.

1897년	1. 2월 환궁(경운궁) 2. 10월 대한제국 선포

1898년	1. 1) 황성신문
	   2) 제국신문
	2. 1) 황국협회(보부상) ↔ 독립협회
	   2) 황국중앙총상회(시전상인) ─ 독립협회
	3. 독립협회
	   1) 헌의 6조
	   2) 백정 박성춘 연설
	   3) 절영도 조차 요구 저지
	   4) 상권 수호 운동, 이권 수호 운동
	4. 지계발급 시작
	5. 명동성당 완공
	6. 찬양회 조직

1899년	1. 대한국국제 반포 2. 전차 3. 경인선 4. 독립신문 폐간

'대한제국 / 독립협회' 기출문장 괄호 넣기 연습

01 대한제국은 (　　　　　)에 가입하고, 만국박람회에 참여하였다.

02 독립협회의 '헌의 6조'가 결의된 이후, 황제권 강화 작업의 일환으로 (　　　　　)가 설치되었다.

03 대한제국 (　　　　　) 후 강화 분견대 등 해산 군인들의 의병 가담은 의병의 사기와 전투력을 크게 높여주었다.

04 고종은 러시아 공사관에서 약 (　　　) 만에 환궁한 후 국호를 대한제국, 연호를 광무로 정하고 황제로 즉위하였다.

05 광무개혁은 '옛것을 근본으로 하고 새로운 것을 참작한다'는 구본신참의 원칙하에 (　　　　)적 경향의 개혁이 추진되었다.

06 자주적인 외교를 추진하였으며, 간도 관리사와 (　　　　　) 군수를 파견하였다.

07 (　　　　　) 이후 위축된 국가 주권을 지키고 고종의 위상을 높여야 한다는 여론이 높아진 상황에서 대한제국 수립이 선포되었다.

08 고종은 러시아 공사관에 있는 동안 (　　　　)을 증축하였다.

09 대한제국은 평양을 서경으로 높이고 풍경궁이라는 행궁을 건설하여 (　　　　) 체제를 갖추었다.

10 대한제국은 고급장교의 양성을 위해 (　　　　)를 설립하였다.

11 독립협회는 1898년에 대구, 평양 등지에 지회를 설립하고, 서울에서는 (　　　　)를 열어 개혁운동을 대중적으로 확산시켰다.

12 독립협회는 (　　　　)의 방해와 고종의 비협조로 말미암아 해산되고 말았다.

단답형으로 생각 키우기

01 ① 독립협회는 러시아의 ○○○ 조차 요구를 저지하였다. ② 러시아의 ○○○ 조차 요구는 러일전쟁의 직접적인 원인이 되었다. 빈칸에 들어갈 말은?

02 '열강의 이권 침탈 심화'를 가져온 사건은?

03 독립협회의 '고문'과 '3대 회장'은?

04 독립협회의 관민공동회에서 박성춘이 한 연설은?

05 ① 독립협회 해산에 가담한 어용단체, ② 독립협회의 민권운동을 적극지원하였던 상인 조직은?

06 독립협회의 의회 설립 운동의 결과 반포된 것은?

07 대한제국 광무개혁의 시정 방향은?

08 대한국 국제의 제1조는? "대한국은 세계 만국에 공인된 ○○○○한 제국이니라."

09 대한제국과 관련된 조직·기구의 명칭은?

　① 정궁(　　　　)　　　　　　　　② 경의철도 부설을 위한 기구(　　　　)
　③ 보부상 지원 조직(　　　　)　　　④ 평양에 설치한 행궁(　　　　)
　⑤ 황제 직속의 군사 조직(　　　　)　⑥ 법전 편찬 기관(　　　　)
　⑦ 역사 편찬 기관(　　　　)　　　　⑧ 제천단(　　　　)
　⑨ 재정을 총괄한 기구(　　　　)　　⑩ 간도 교민 보호를 위해 설치한 기구(　　　　)
　⑪ 연해주 교민 보호를 위해 설치한 기구(　　　　)
　⑫ 황실 경찰 기구(　　　　)
　⑬ 양전사업·지계발급 시행 관청(　　　　,　　　　)
　⑭ 도량형 담당 관청(　　　　)
　⑮ 학부에 설치된 국문 연구기관(　　　　)
　⑯ 설립된 학교들(　　　　,　　　　,　　　　,　　　　,　　　　)

10 대한제국 시기에 서울에 전차노선을 개통한 회사는?

11 다음이 설명하는 근대 건축물은?

구분	근대 건축물
① 1898년에 완공된 근대 건축물	
② 1902년에 서울에 세워진 서구식 호텔	
③ 1908년에 설립된 우리나라 최초의 서양식 극장	
④ 1910년에 완공된 궁궐 건축물	

12 ① 서울 전차의 운행 구간, ② 경인선의 운행 구간은?

THEME 34 일제강점기 주요 사건

> **명호쌤의 한마디**
>
> - 국권 피탈 과정(1900~1910)과 일제강점기(1910~1945)의 주요 사건을 연도별로 정리하여 그 인과 관계를 명확하게 파악하도록 한다.
> - 일제강점기에 발생한 개별 사건을 한데 모아 이해하는 시간을 갖는 것이 중요하다. 일제강점기는 일반적으로 1910년대, 1920년대, 1930년대(국가 총동원령 전까지), 그리고 1940년대로 나뉘어진다. 일제강점기를 이렇게 네 시기로 나눠서 각각의 사건을 이해할 수 있도록 한다.
> - 1910년, 1912년, 1918년, 1923년, 1926년, 1938년, 1941년의 사건은 특별히 따로 정리하기 바란다.

국권 피탈기 & 일제 강점기 주요 사건

연 도	사 건
1900	• 대한제국 칙령 제(　　)호 • 덕수궁 석조전 건축 시작 • 관립병원 광제원 설립
1901	• (　　)본위제 채택
1902	• 제1차 영일동맹
1903	• YMCA 발족 • (　　　　) 사건(러시아) • 미국 정부 공인하에 미주 동포 이주 시작
1904	• 러일전쟁 발발 • 한일의정서 체결(군용지 사용, 전시 중립국 선언 파기) • 대한시설강령(황무지 개간권 요구) → (　　　　), (　　　　) 설립(저지) • (　　　　　) 창간(베델, 양기탁) • 제1차 한일협약 → (　　　) 정치 • 전환국 폐지
1905	• (　　　　)사업(재정고문 메가타) • 경부선 개통 • (　　　　) 조직 • 가쓰라-태프트 밀약, 제2차 영일동맹, 포츠머스 강화조약 • 을사조약 → (　　　) 자결, 조병세 자결, 시일야방성대곡 게재 • 천도교 창설(손병희)

연도	내용
1906	• (　　　　　) 설립(만주 용정, 이상설) • 통감부 설치 • 경의선 개통 • 대한자강회 조직 • (　　　　　) 창간(1906~1907)
1907	• (　　　　　) 조직 • 국채보상운동 • 헤이그 특사 파견(이상설, 이준, 이위종) → 고종황제 퇴위 • 한일신협약(정미 7조약) → (　　　) 정치 • 신문지법 공포 • 군대 해산, 박승환 자결 → 정미의병 • 국문연구소 설치(주시경, 지석영)
1908	• 서울진공작전(총사령관 이인영) • 스티븐스 사살(장인환, 전명운) • 잡지 (　　　) 창간 → 해에게서 소년에게(최남선) • (　　　　) 설립(은세계 상연) • 출판법 공포 • (　　　　　)주식회사 설립
1909	• 대종교 창시(나철) • (　　　　　) 발표(박은식) • 간도협약 • (　　　　　)(사법권 및 감옥사무처리권 박탈) • (　　　　　　) 사살(하얼빈, 안중근) • 대한인국민회 조직(이승만, 안창호, 박용만) • 대동교 창시(박은식)
1910	• 안중근 의사 순국(뤼순 감옥) • 토지 조사국 설치 • (　　　　) 결성(연해주, 유인석) • 경찰권 박탈 • 성명회 조직(블라디보스토크 신한촌) • 한일병합조약 • (　　　　　) 설치 • (　　　　　) 설립(박은식, 최남선) • 안악 사건(데라우치 초대총독 암살 기도) • (　　　　) 실시(회사 설립 허가제) • 황성신문, 제국신문, 대한매일신보 폐간

1911	• (　　　　) 사건 → 신민회 해체 • 조선교육령(1차 교육령) • 어업령, 삼림령 공포 • 경학사(서간도), 중광단(북간도), 대한국민회(북간도), 권업회(연해주) 조직 • 신흥강습소(서간도), 한민학교(연해주) 설립
1912	• (　　　　) 시행 • 경찰범 처벌규칙 시행 • 대한독립의군부 조직(임병찬) • (　　　　) 조직(상하이, 신규식) • 중화민국 성립 선포 • 토지 조사령 공포
1913	• 흥사단 조직(안창호) • 송죽회 조직(김경희, 황에스더)
1914	• 대한광복군 정부 수립(이상설, 이동휘) • (　　　　) 조직(하와이, 박용만) • 경원선, 호남선 개통 • 제(　)차 세계 대전 발발(~1918) • 백산상회 설립(안희제, 부산)
1915	• (　　　　) 조직(이상설, 박은식) • 한일은행 개점 • 「한국통(痛)사」 간행(박은식) • 광업령 공포 • 조선 국권 회복단 창설(윤상태) • (　　　　) 창설(박상진, 김좌진)
1916	• 원불교 창시(박중빈) • (　　　　) 설치(조선총독부)
1917	• 한강 인도교 준공 • (　　　　) 혁명
1918	• 서당 규칙 시행 • (　　　　) 조직(상하이, 여운형, 김규식) • (　　　　) 조직(러시아 하바로프스크, 이동휘) • 제1차 세계대전 종전 • 임야 조사령 공포

연도	내용
1919	• 문예 동인지 '창조' 창간 • 2·8 독립 선언(도쿄) • 대한독립선언 • 고종 황제 사망 • 3·1운동, 제암리 학살 사건 • 파리강화회의(김규식) • (　　　　　　　) 수립 • 북로 군정서, 서로 군정서 • (　　　) 의거(노인동맹단) • 의열단 조직(김원봉) • 신흥 무관학교 설립(신민회, 삼원보)
1920	• (　　)일보, (　　)일보 창간 • 봉오동 전투, (　　) 대첩 • 훈춘사건 • (　　) 참변 • 대한독립군단 조직(밀산부 한흥동) • 월간지 '개벽' 창간 • 조선 물산 장려회 창립 총회 • 「한국독립운동지혈사」 간행(박은식) • (　　　) 철폐(회사 설립 신고제) • 광복군 총영 창설(임시정부)
1921	• 조선 총독부 폭탄 투척(김익상) • 조선어 (　　) 창립 • (　　) 참변
1922	• 신교육령(2차 교육령) 시행 • 민립대학 기성회 조직 • 모국방문 기념 비행(안창남) • (　　)날 제정
1923	• 국민대표회의 개최 • 종로 경찰서 폭탄 투척(김상옥) • 의열단 선언(조선혁명선언) 작성(신채호) • (　　　　) 창립 • 관동 대참변 → (　　　) 의거 • 참의부 창설(남만주) • 관세 철폐령 • (　　　) 조직(연극 단체) • 암태도 소작쟁의(1923~24)
1924	• 조선 (　　) 총동맹 설립 • 경성 제국 대학 설립

연도	내용
1925	• 정의부 창설(길림) • 신민부 창설(북만주, 김좌진) • 조선공산당 결성 → 조선공산당 사건 • (　　　　) 제정 • 미쓰야 협정
1926	• (　　　) 만세 운동 • (　　　) 선언 • 조선 민흥회 • 동양척식주식회사 폭탄 투척(나석주) • 영화 (　　　　) 상영(나운규) • 빼앗긴 들에도 봄은 오는가?(이상화, 개벽)
1927	• 신간회 조직, (　　　) 조직 • 조선 농민 총동맹과 조선 노동 총동맹으로 분리(조선 노농 총동맹) • 흥남 질소 비료 공장 설립 • 신은행령 공포
1928	• 코민테른의 12월 테제 • (　　　　) 조직(북만주)
1929	• (　　　) 노동자 총파업 • (　　　) 학생 항일 운동 • 문자보급 운동 시작(조선일보) • 국민부 조직 • 조선혁명당 조직 • 「조선사연구초」 간행(신채호)
1930	• 한국독립당 조직 • 청구 학회 조직
1931	• (　　　) 사변 • 만보산 사건 • 조선어 학회(조선어연구회의 개칭) • (　　　) 해소 • 한인애국단 조직(김구) • (　　　　) 운동 시작(동아일보) • 「조선상고사」 간행(신채호) • 극예술연구회
1932	• 만주국 건국 • 일왕에 폭탄 투척(이봉창) • 상하이 사변 • (　　　　) 공원에 폭탄 투척(윤봉길) • 쌍성보 전투, 영릉가 전투, 사도하자 전투

연도	내용
1933	• 한글 맞춤법 통일안 제정(조선어 학회) • 흥경성 전투, 대전자령 전투
1934	• (　　　)학회 조직 • 조선농지령 반포
1935	• (　　　　　) 조직(의열단, 조선혁명당, 한국독립당, 대한독립당, 신한독립당) • 한국국민당 조직
1936	• (　　　　) 올림픽 마라톤 우승(손기정) → 일장기 삭제 사건(동아일보) • 한국 환상곡 완성(안익태) • 조국 광복회 조직
1937	• 황국신민서사 제정(조선총독부) • 조선민족혁명당 조직 • 보천보 전투(동북항일연군) • (　　　) 전쟁 발발(~1938)
1938	• (　　　)법 공포 • 근로보국대 조직 • 조선의용대 조직 • 제(　)차 조선 교육령("수의과목") • 국민 정신 총동원 조선 연맹 설치("애국반")
1939	• 국민 징용령 공포 • 서울-상하이간 국제전화 개통 • 일본식 성명 강요(창씨개명) • 경방단 설치
1940	• 창씨개명 접수 • 조선일보·동아일보 강제 폐간 • (　　　　) 창설 • (　　　　) 창당(한국국민당, 한국독립당, 조선혁명당) • 조선 영화령 공포
1941	• 대한민국 건국강령 발표(임시정부) • 태평양 전쟁 발발 • (　　　)선전포고(임시정부) • 호가장 전투
1942	• 금속류 강제 (　　　) 시작 • 조선의용대의 한국광복군 편입 • 조선어 학회 사건 • 조선 독립 동맹 결성(김두봉), 조선 의용군 결성(김무정)
1943	• 진단학회 해산 • 제4차 조선 교육령 • (　　　　) 회담(한국의 독립 약속)

1944	• 미곡 강제 공출제 실시 • 여자 정신대 근무령 공포 • (　　　　　　　) 조직(여운형)
1945	• 포츠담 선언 • 얄타 회담 • 8·15 광복 • 치안권 이양교섭(여운형, 송진우) • (　　　　　　　　　) 발족(여운형) • 조선 인민 공화국 선포 • 한국 민주당 결성 • (　　　　　) 3국 외상회의 개최 • 신탁통치 반대 (　　　　)총동원 중앙위원회(김구) • (　　　　　) 중앙 협의회(이승만)

단답형으로 생각 키우기

01 한일의정서, 제1차 한일협약, 제2차 한일협약, 한일신협약의 '주요 내용'은?

한일의정서	제1차 한일협약	제2차 한일협약 (을사늑약)	한일신협약 (정미7조약)
1904. 2	1904. 8	1905. 10	1907. 7
(　　　　) 사용, 전시 중립국 선언 파기	(　　　) 고문, (　　　) 고문 파견	(　　　　) 박탈, 통감 파견	(　　　　) 권한 확대, 차관 파견

02 일본의 한국 침략과 지배를 '열강이 묵인'한 조약 3개는?

03 다음 선언(독트린)의 결과는?

트루먼 독트린	애치슨 선언	닉슨 독트린
1947. 3	1950. 1	1969. 7

04 명동성당 앞에서 이완용을 찌른 인물은?

05 을사오적 중 외무대신(외부대신)의 이름은?

06 강제병합 직전, '동양평화론'을 주장한 인물은?

◆ 다음 자료는 무엇의 일부인가? (7~27번)

07 "대한제국 정부는 대일본제국 정부를 확신하여 시정개선에 관한 충고를 받아들인다."

08 "한국에 있어서의 일본의 우월권을 승인한다. 연해주 연안의 일본의 어업권을 허락한다."

09 "한국 황제 밑에 1명의 통감을 둔다."

10 "개, 돼지만도 못한 소위 우리 정부 대신"

11 "구차하게 살고자 하는 자는 반드시 죽고, 죽기를 각오한 자는 도리어 살게 되나니"

12 "고등관리의 임명과 해임은 통감의 동의를 얻게 하였다."

13 "상감 조서 이제부턴 다시 없을 테지... 이승에서 지식인 노릇하기 정히 어렵구나."

14 "회사의 설립은 조선 총독의 허가를 받아야 한다."

15 "토지 조사 국장에게 신고해야 한다."

16 "태형은 태로써 볼기를 치는 방법으로 집행한다... 본령은 조선인에 한하여 적용한다."

17 "독립군아, 일제히 봉기하라!... 개, 돼지와 같은 일생을 누가 구차히 도모하겠는가?"

18 "문화의 발달과 민력의 충실을 기해"

19 "조선 내에서는 허용되는 범위 내에서 일대정치적 결사를 조직해야 한다는 것이 우리의 주장이다."

20 "공평은 사회의 근본이고 애정은 인류의 본령이다... 모욕적인 칭호를 폐지하며"

21 "조선의 자매들아, 단결하자!"

22 "검거자를 즉시 우리들이 탈환하자. 조선인 본위의 교육제도를 확립시켜라."

23 "보통학교의 수업 연한은 6년으로 함."

24 "민족주의 세력에 대하여는 그 부르주아 민주주의적 성질을 분명히 인식함과 동시에 과정상의 동맹자적 성질도 충분하게 승인하여"

25 "우리는 기회주의를 일체히 부인한다."

26 "민중은 우리 혁명의 대본영이다."

27 "추축국에 대하여 전쟁을 선포한다."

✓ 다음 질문에 답하시오.

28 정무총감이 의장을 맡은 조선총독부의 자문기관은?

29 "제2회 만국평화회의 참석"의 결과는?

30 토지조사사업의 결과 부정된 "3권"은?

31 대한독립의군부의 ① 설립 시기, ② 설립자, ③ 활동 사항(2개)은?

32 대한광복회에 대한 질문에 답하시오.

질문	답
① 설립 시기	
② 설립자	
③ 설립 시 합쳐진 단체	
④ 활동 사항(2개)	

33 대한광복군정부의 ① 정통령과 부통령, ② 설립 시기, ③ 지역은?

34 시기별 이상설의 활동은?

연도	활동
1906년	
1907년	
1910년	
1911년	
1914년	
1915년	

35 다음 단체의 '설립 지역'과 '때'는?

단체	설립 지역	때
① 대동보국단		
② 흥사단		
③ 권업회		
④ 조선청년독립단		
⑤ 경학사		
⑥ 대한국민의회		
⑦ 대조선국민군단		
⑧ 한인소년병학교		
⑨ 송죽회		

36 3·1 운동의 원인, 전개과정, 결과를 설명하시오.

구분	내용
① 원인(배경)	• 레닌의 민족자결주의, (　　　　　)의 민족자결주의 • 파리 강화 회의에 (　　　　　) 파견, 대한독립선언, 2.8 선언 • 고종황제 독살설
② 전개과정	• 민족 대표 33인의 독립선언서 발표 • 3월 중순경, 도시에서 농촌으로("(　　　　　)"에서 폭력으로)
③ 결과	• 무장독립운동 본격적 유발 계기 • (　　　　　) 수립 계기 • (　　　　　)로 변화하는 계기 • (　　　　　)에 영향

37 1920년대 대표적인 민족주의 계열의 운동은?

구분	명칭
① 교육 분야 실력 양성 운동	(　　　　　) 설립 운동, 문맹 퇴치 운동
② 산업 분야 실력 양성 운동	민족 기업 육성 운동, (　　　　　) 운동

38 1920년대와 1930년대의 노동·농민 운동에 대하여 답하시오.

질문	답
① 1923년의 대표적인 소작쟁의	
② 1924년에 결성된 노동·농민 운동 조직	
③ 1920년대 후반의 농민 운동의 특징	
④ 1929년의 대표적 노동 운동	
⑤ 1930년대의 노동·농민 운동의 특징	

39 신간회(1927~1931)의 주요 내용에 답하시오.

구분	내용
① 창설 계기	
② 초대 회장	
③ 회원 수	
④ 1929년에 지원한 것	
⑤ 해소된 원인	

40 "민족주의 세력이 타협과 비타협으로 분화"되는 계기가 된 글은?

41 대한민국 임시정부와 관련한 다음 질문에 답하시오.

질문	답
① 초대 국무총리	
② 초대 법무총장	
③ 입법기관	
④ 사료편찬소에서 간행한 책	
⑤ 비밀행정조직	
⑥ 위원부	
⑦ 참여한 해외 회의	
⑧ 1925년에 채택한 운영 체제	
⑨ 1927년에 채택한 운영 체제	
⑩ 기관지	

42 민족혁명당(1935)에 대응하여 만든 조직은?

43 삼균주의의 ① 정치 균등, ② 경제 균등, ③ 교육 균등의 구체적 방안은?

44 뤼순 감옥에서 순국한 독립운동가는? (3명)

45 1940년대에 군량미 수탈을 위해 추진한 약탈 행위는? (3개)

46 다음 외국인(外國人)의 이름을 답하시오.

구분	이름
① 의열단의 김익상이 암살을 시도했던 일본인	
② 한인애국단의 이봉창이 암살을 시도했던 일본 국왕	
③ 한인애국단의 윤봉길이 상하이 훙커우 공원에서 암살한 일본 대장	
④ 노인동맹단의 강우규가 암살을 시도했던 총독	
⑤ 장인환, 전명운에 의해 사살된 외교 고문	

47 조선총독부의 ① 초대 총독, ② 농촌진흥운동을 실시한 총독, ③ 황국신민화정책을 실시한 총독은?

48 1930년대 초에 한중연합작전을 펼친 두 부대의 특징은?

군대	지휘관	중국측 군대	대표적인 전투
① 한국독립군	( )	중국 ( )군	( ) 전투, 동경성 전투, ( ) 전투, 사도하자 전투
② 조선혁명군	( )	중국 ( )군	( ) 전투, 흥경성 전투

49 적색군에 의해 무장해제를 당한 독립군은?

50 1930년대 후반 만주지역에서 항일유격투쟁을 전개하였던 군사조직은?

51 청산리 대첩에 대하여 답하시오.

질문	답
① 때	
② 전쟁 기간	
③ 대표적 전투	
④ 참가한 독립군 부대	

52 1920년대 경찰 제도의 특징은?

53 1930년에 조선사 편수회 간부들과 경성 제국 대학 교수들이 만든 학술 연구 단체는?

54 '가갸날'을 제정한 단체는?

55 백남운은 ① ○○사관, ② ○○○○사학, ③ 식민사관 중 ○○○○ 반박, ④ ○○○ ○○○○○ 주장. 빈칸에 들어갈 말은?

56 신채호가 다음의 내용을 언급한 글(책)은?

내용	글(책)
① "아(我)와 비아(非我)의 투쟁의 기록"	
② "동국주족 단군의 후예"	
③ "이상적 조선을 건설할지니라."	
④ "조선역사 일천년래 제일대사건"	

57 일제강점기에 ① 일장기 말소사건에 관련된 신문, ② 신채호가 창간한 신문, ③ 브나로드운동을 전개한 신문은?

58 다음과 관련된 일제강점기 역사학자는?

구분	역사학자
① 일제강점기의 신민족주의	
② 광복 후 신민족주의	
③ "혼, 정신" 강조	
④ "조선심" 강조	
⑤ "얼" 강조	

59 1920년대 중반 문학의 사회적 기능을 강조한 문학은?

60 ① 선산누각도를 그린 화가, ② 소 그림을 많이 그린 서양화가는?

THEME 35 정치결사운동, 항일비밀결사, 민족유일당

명호쌤의 한마디

- 애국계몽운동 계열과 의병 계열의 구국운동을 구분해야 하지만, 더욱 중요한 것은 시험에서 함께 '섞어 놓는' 단체들이 무엇인가를 살피는 것이다. 정치결사운동, 항일비밀결사, 민족유일당 운동을 함께 공부하며 비교하여야 한다.
- 일제강점기 전의 정치결사운동과 일제강점기의 항일비밀결사를 명확히 구분하고, 민족유일당 운동이 일어나는 계기도 잘 살펴야 한다.

단답형으로 생각 키우기

01 애국계몽운동 계열이 가진 사상은?

02 보안회의 ① 중심 인물, ② 주요 활동, ③ 같은 목표를 가진 '회사'는?

03 헌정연구회, 대한자강회를 비교한 것이다. 빈칸을 채우시오.

구분	헌정연구회	대한자강회
중심인물	① ( )	② ( )
	윤효정	윤효정
활동	일진회에 대항	일진회에 대항
	입헌군주제 수립	③ ( )

04 신민회에 대한 설명이다. 다음의 빈칸을 채우시오.

구분	내용
① 주요 인물	( ), ( ), ( ), 신채호, 이승훈
② 목표	국권회복, 공화정체 국민국가 건설
③ 설립한 학교	( )학교, ( )학교
④ 설립(지원) 회사	평양자기회사, 태극서관, 조선광문회
⑤ 기관지 역할을 한 신문	대한매일신보
⑥ 해체 원인이 된 사건	( ) 사건
⑦ 삼원보로 이동하여 설립한 조직	( ), 부민단, 한족회

05 헌정연구회, 대한자강회, 대한협회에 모두 참여한 대표적 인물은?

THEME 36 국외 항일 운동

> **명호쌤의 한마디**
>
> - 일제강점기의 독립운동 단체들은 대한, 한국, 조선, 독립 등의 표현을 주로 쓰고 있어서 그 명칭이 유사하다. 단체들을 한데 모아서 비교하며 공부하는 것이 중요하다.
> - 일제강점기의 단체 중 '신간회'와 '의열단'만큼 중요한 것도 없다. 특히 의열단에 대해 심도 있는 공부를 하는 것이 중요하다.

독립운동 단체 종합

번호	키워드	설립연도	설립장소	독립운동 단체(조직)
1	신민회, 부민단, 한족회, 신흥강습소	1911	삼원보(서간도)	
2	3부 통합운동, 조선혁명당으로 개편	1929	만주	
3	대한광복군정부 수립, 최재형, 홍범도, 이상설	1911	연해주	
4	공고히 단결하라, 조선 자매들아 미래는 우리의 것, 호주제 법제화 반대 투쟁	1927	서울	
5	강우규, 3대 총독 사이토	1919	연해주	
6	상하이, 신규식 + 박은식, 대동사상	1915	상하이	
7	하와이, 박용만, 독립군사관 양성	1914	하와이	
8	의병계열 + 계몽운동계열, 친일부호 처단(장승원, 박용하), 독립군사관학교 설립	1915	대구	
9	대통령 손병희	1919	연해주	
10	간도국민회, 구춘선, 대한독립군 지원	1919	북간도	
11	봉오동 전투, 청산리 대첩, 홍범도	1919	북간도	
12	총재 서일, 부총재 김좌진, 홍범도	1920	밀산부 한흥동	
13	대한제국의 회복(복벽주의), 임병찬, 의병계열	1912	전라도	
14	자유주의 + 삼균주의, 한국광복군, 연통제 + 교통국, 독립신문	1919	상하이	
15	이승만, 안창호, 박용만	1909	샌프란시스코	
16	고종퇴위 반대투쟁 주도, 헌정연구회 계승, 독립협회 정신 계승, 애국계몽운동	1906	서울	
17	절영도 조차 요구 저지, 만민공동회, 헌의 6조, 중추원 관제 반포	1896	서울	
18	국내진공작전, 보천보 전투, 조국광복회	1936	만주	

19	신규식, 박은식, 김규식, 신채호	1912	상하이	
20	의열단 + 조선혁명당, 한국독립당, 신한독립당, 대한독립당	1935	중국 난징	
21	황무지 개간권 요구 저지, 이상설	1904	서울	
22	여성단체, 1910년대 항일 비밀결사, 김경희, 황에스터	1913	평양	
23	정치경제적 각성, 단결 공고히, 기회주의 일체 부인, 광주학생항일운동 지원, 원산노동자 총파업 지원, 동척 폐지 주장	1927	서울	
24	대성학교, 오산학교, 신흥무관학교, 105인 사건, 대한매일신보	1907	서울	
25	파리강화회의에 김규식 파견	1918	상하이	
26	이상설, 성낙형, 박은식	1915	상하이	
27	나철, 오기호, 을사조약	1906	서울	
28	김원봉 + 박재혁, 최수봉, 김익상, 김상옥, 김지섭, 나석주, 윤세주 + 신채호	1919	만주	
29	비타협적 민족주의자와의 일시적인 공동전선	1926	서울	
30	단군 숭배, 계몽주의, 1910년대 항일비밀결사	1915	경북 달성	
31	김두봉 + 최창익 + 무정, 조선의용대화북지대 + 중국공산당 내 조선인, 조선의용군 결성	1942	중국 연안	
32	조만식, 내 살림 내 것으로	1920	평양	
33	이우용, 교사 + 학생	1915	서울	
34	국문연구소 계승, 잡지 한글, 가갸날	1921	서울	
35	우리말 큰사전 편찬 시도, 한글맞춤법 통일안 발표, 1942년에 강제 해산	1931	서울	
36	조선민족혁명당, 김원봉, 호가장 전투, 한국광복군에 합류, 조선독립동맹	1938	중국 우한 (한커우)	
37	2.8 독립선언, 최팔용	1919	도쿄	
38	중국 의용군과 연합, 영릉가, 흥경성 전투	1929	남만주	
39	공평은 사회의 근본이고 애정은 인류의 본령, 모욕적 칭호 폐지	1923	진주	
40	대종교, 서일, 북로군정서	1911	북간도	
41	이병도, 손진태, 실증사학, 순수학술단체	1934	서울	
42	중국 호로군과 연합, 쌍성보, 대전자령, 사도하자, 동경성 전투	1931	북만주	
43	한국국민당 + 한국독립당 + 조선혁명당, 임시정부	1940	중국 충칭	
44	김구 + 윤봉길, 이봉창	1931	상하이	

45	입헌군주제, 일진회 대항	1905	서울	
46	3부 통합운동, 한국독립당으로 개편	1928	북만주	
47	안창호	1913	샌프란시스코	

의열단

01 1919년 (   ), (   ) 등이 (   )에서 조직한 의열단은 일제(日帝)의 요인 암살과 식민 지배 기관 파괴를 목표로 삼았다.

02 (   ) 폭력 투쟁을 통해 (   ) 직접 혁명을 달성하려 하였다.

03 의열단은 신채호가 작성한 (   )을 이념적 지표로 내세웠다.

04 조선혁명선언은 3·1 운동 이후 국내에서 대두된 (   )(自治論)·(   )(內政獨立論)· (   ) 및 문화 운동을 일제와 타협하려는 '적'으로 규정하였다.

05 (   )이 종로 경찰서에 폭탄을 투척하였다.

06 1920년 (   )이 부산 경찰서 투탄 의거를 일으켰다.

07 (   )은 조선 총독부에 폭탄을 던진 다음 수십 겹의 포위망을 뚫고 중국으로 탈출하여, 이듬해 중국 상하이에서 일본 육군 대장의 암살을 시도하였으나 실패하였다.

08 (   )년 나석주는 식민지 대표 착취 기관인 (   ) 은행과 동양 척식 주식회사에 들어가 폭탄을 던지고 권총으로 관리들을 저격하였다. = 동양 척식 주식회사에 들어가 폭탄을 투척하였으나, 터지지 않자 권총으로 일본 간부를 사살하고 경찰과 시가전을 벌였다.

09 일본 제국의회와 황궁을 공격할 계획을 세웠다. = (   )이 제국의회 폭파를 목적으로 상해로부터 일본으로 밀항했는데, 의회가 휴회중임을 안 그는 1월 5일 저녁, 황궁으로 접근하다 경비병에게 저지당하자 가지고 간 폭탄 3개를 궁성 입구의 니주바시[(   )]에 던졌다.

10 (					) 요인과 제휴한 투탄 계획을 추진하였다. = 1922년 여름, 의열단은 임시정부 재무총장 이시영의 요청으로 국내 부호들로부터 독립운동자금을 거둘 것을 계획하고, 우선 원활한 징수 목적을 위해 서울에서 폭탄거사를 단행키로 했다.

11 상하이에 열두 군데의 (			)를 설치하고 헝가리인 기술자를 초빙하여 성능 좋은 폭탄을 자체 제조하고 상비할 수 있게 되었다.

12 1926년 계급 타파와 토지 평균 등을 지도이념으로 하는 (			)개조의 강령을 발표하고 (			)에 참여할 것을 선언했다.

13 1920년대 후반 (		) 노선으로 전환하였다. = 1926년 이후 테러활동을 중심으로 한 단체의 활동에 한계를 느끼고, 단원들 대부분이 (			)에 입교하여 군사훈련을 받았다.

14 의열단의 많은 단원들이 (			)에 입학하여 군사 교육 및 간부 훈련을 받았다. = 단원들이 중국의 (			)에 입학하여 군사 교육을 받은 후 중국 혁명 세력과 연결하여 항일 공동투쟁에 들어갔다.

15 혁명 투사독립 운동 지도자를 양성하기 위한 (			)를 설립·운영하였다.

16 1935년에 (			) 창당에 가담하였다.

17 1930년대 후반 의열단의 주요 인사들은 (			)를 조직하였다.

※ 의열단 관련 사료

(1) 1919년 11월, 만주 지린시 파호문 밖 중국인의 집에 <u>열세 명의 조선 청년</u>들이 주위의 눈을 피하여 조심스럽게 모여들었다. 이들은 밤새 토론을 펼친 끝에 (		) 결성에 합의하고 김원봉을 단장으로 추대하였으며, 독립을 위해 끊임없는 의열 투쟁을 전개하기로 하였다. 이후 김익상, 김상옥, 김지섭, 나석주 등이 목숨을 걸고 의거를 일으켰다.

(2) 약산은 어느 날 단재를 보고 말했다. "저희는 지금 상하이에서 왜적을 무찌를 폭탄을 만들고 있습니다. 한번 같이 가셔서 구경 안 하시겠습니까? 겸하여 (		)의 혁명 선언도 선생님이 기초하여 주셨으면 좋겠습니다." 단재는 약산과 함께 상하이로 가서 폭탄 제조와 시험 과정을 지켜본 후 선언문을 작성하기 시작하였다. 선언문을 집필한 지 1개월 만인 1923년 1월 일제에 대한 폭력 투쟁의 정당성과 민중의 직접 혁명을 주장한 역사적인 선언문이 완성되었다.

(3) 강도 일본이 우리의 국호를 없이 하며, 우리의 정권을 빼앗으며, 우리 생존의 필요 조건을 다 박탈하였다. …… 이상의 사실에 의거하여 우리는 일본강도 정치 곧 이쪽 통치가 우리 조선 민족 생존의 적임을 선언하는 동시에, 우리는 혁명 수단으로 우리 생존의 적인 강도 일본을 살벌함이 곧 <u>우리의 정당한 수단임을 선언</u>하노라. ……

(4) 이제 폭력의 목적물을 대략 열거하건대, 조선 총독 및 각 관공리, 일본 천황 및 각 관공리, 정탐노·매국적, 적의 일체 시설물, 이 밖에 각 지방의 신사나 부호가 비록 현저히 혁명 운동을 방해한 죄가 없을지라도 언어 혹 행동으로 <u>우리의 운동</u>을 완화하고 중상하는 자는 폭력으로써 대응할지니라.

(5) 내정 독립이나 참정권이나 자치를 운동하는 자가 누구냐?
너희들이 '동양평화' '한국 독립 보전' 등을 담보한 맹약이 먹도 마르지 않은 채 삼천리 강토를 집어먹던 역사를 잊었느냐? ……(중략)…… 설혹 강도 일본이 과연 관대한 도량이 있어 이러한 요구를 허락한다 하자. 소위 내정 독립을 찾고 각종 이권을 찾지 못하면 조선 민족은 온통 굶주린 귀신이 될 뿐이 아니냐? ……(중략)…… 설혹 강도 일본이 갑자기 부처나 보살이 되어 하루아침에 직예총독부를 철폐하고 각종 이권을 다 우리에게 돌려주며, 내정과 외교를 다 우리의 자유에 맡기고 일본의 군대와 경찰을 일시에 철수하며, 일본의 이주민을 일시에 소환하고 다만 이름뿐인 종주권만 가진다 할지라도 우리가 만일 과거의 기억이 모두 없어지지 아니하였다 하면 일본을 종주국으로 받든다는 것은 '치욕'이란 명사를 아는 인류로는 못할 일이다. ……(중략)……

(6) 12월 28일 오후 2시경 시내의 조선 식산 은행과 동양 척식 주식회사 경성 지점에 한 남자가 폭탄을 던지고 권총을 난사한 사건이 발생하였다. 그는 동양 척식 주식회사 사원과 경관 등 일본인들을 살상한 후 자신도 권총으로 자살하였다. 당국에서는 사건의 내용이 비범함을 알고 즉시 신문 게재를 일절 금지하고 검사국과 연락하여 대대적으로 조사를 진행하고 있다.

- ○○일보 -

THEME 37 대한민국 건국 과정

명호쌤의 한마디

- 광복 후 대한민국이 건국되기까지 약 3년간의 기간 동안 어떤 일이 있었는지 그 흐름이 출제된다. 특별히 한국의 독립과 건국을 누가 주도하고 결정했는지를 중심으로 살펴보아야 한다.

대한민국 건국과정

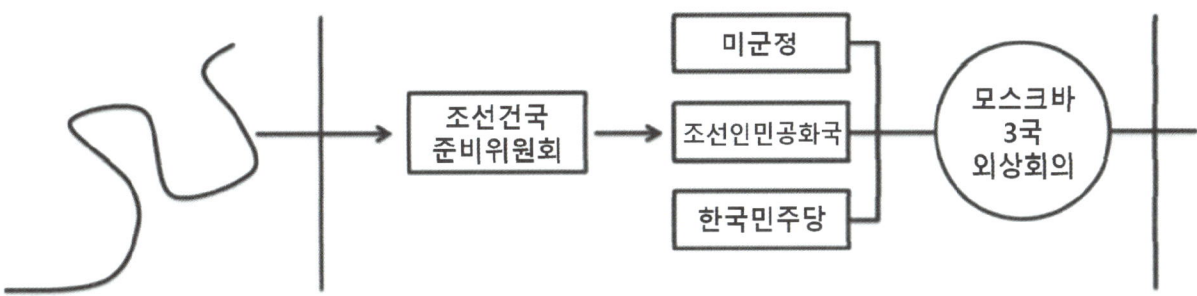

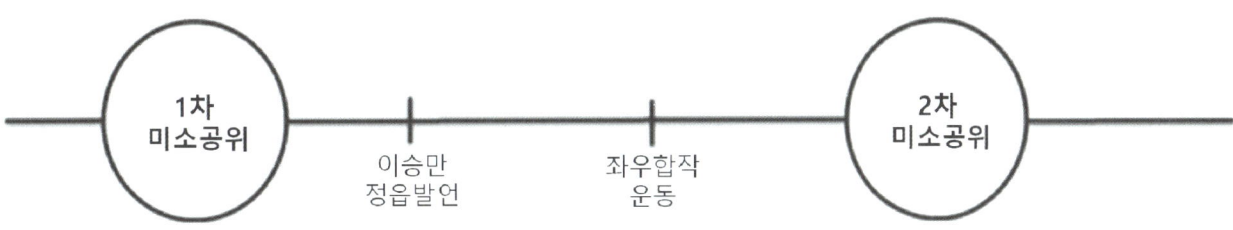

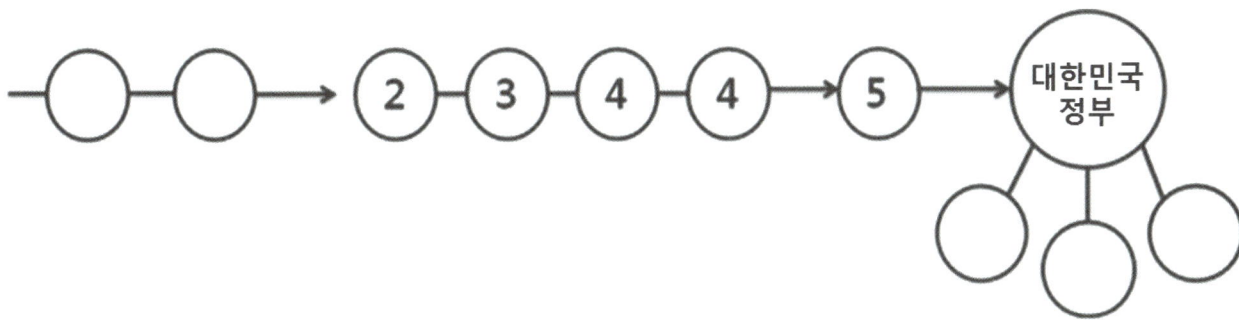

좌우 합작 7원칙

01 조선의 민주 독립을 보장한 (　　　　　　　)결정에 의하여 남북을 통한 좌우 합작으로 민주주의 임시정부를 수립할 것

02 (　　　　　　　)의 속개를 요청하는 공동 성명을 발할 것

03 (　　　　　　　)에 있어서 몰수, 유조건몰수, 체감매상 등으로 토지를 농민에게 무산으로 분여하며, 시가지의 기지 및 대건물을 적정처리하며, 중요산업을 국유화하며, 사회노동법령 및 정치적 자유를 기본으로 지방자치제의 확립을 속히 실시하며, 통화 및 민생문제 등을 급속히 처리하며, 민주주의 건국과업완수에 매진할 것

04 친일파·민족반역자를 처리할 조례는 본 합작위원회에서 (　　　　)에 제안하여 (　　　　)로 하여금 심의, 결정하여 실시하게 할 것

05 남북을 통하여 현정권 하에서 검거된 정치운동자의 석방에 노력하며, 아울러 남북 좌우의 테러적 행동을 일체 즉시로 제지하도록 노력할 것

06 입법기구에 있어서는 일체 그 기능과 구성 방법, 운영을 본 합작위원회에서 작성하여 적극적으로 실행을 기도할 것

07 전국적으로 언론·집회·결사·출판·교통·투표 등 자유를 절대 보장하도록 노력할 것

인물 - 정당

인물	정당
김 구	
여운형	
조만식	
김두봉	
송진우	
김성수	
안재홍	
이승만	
장 면	
박정희	
전두환	

THEME 38 현대사 주요 사건

> **명호쌤의 한마디**
> - 헌법 개정이 이루어질 때의 역사적 상황과 개헌의 주요 내용이 무엇인지 명확하게 파악하여야 한다.
> - 통일 정책을 공부할 때 1) '어느 대통령 때'의 통일 정책인지, 2) '공동 성명'들의 특징은 무엇인지를 중심으로 공부하여야 한다.
> - 현대사의 각 역사적 사건의 선후 관계를 묻는 문제가 자주 출제된다. 정부별로 주요 사건을 정리하여야 한다.

헌법 개정

구 분	연 도	키워드
제 헌	1948년	• 대통령 간선제 • 국회 단원제
1차	1952년	• 대통령 ( )제 • 국회 ( )제 도입 • 국회의 국무위원 불신임제 • 탄핵재판소 설치
2차	1954년	• ( ) 대통령 연임 제한 철폐
3차	1960년	• 대통령 중임제·( )제 • 의원 내각제(내각 책임제) • 국회 ( )제 채택·실시
4차	1960년	• 3·15 부정 선거 관련자 및 부정 축재자 처벌 • 4·19 발포 책임자 처벌
5차	1962년	• 대통령 ( )제 • 비례대표제 • 국회 ( )제 • 국회의원 임기 4년
6차	1969년	• 대통령 ( ) 허용
7차	1972년	• 대통령 ( ) 중임 • 대통령 간선제 - ( ) • 대통령 권한 강화(국회의원 임명권 등)
8차	1980년	• 대통령 ( ) 단임 • 대통령 간선제 - ( ) • 비례대표제 4년
9차	1987년	• 대통령 ( )제 • 대통령 ( ) 단임

단답형으로 생각 키우기

01 제1공화국, 제2공화국, 제3공화국, 제4공화국, 제5공화국의 대통령은?

02 광복 직전 건국 준비 활동을 하였던 단체에 대하여 답하시오.

단체	지역	중심 인물	중심 인물의 당(黨)
대한민국 임시정부			
조선독립동맹			
조선건국동맹			

03 조선건국준비위원회에 대하여 다음을 각각 답하시오.

① ( )을 모체로 창설되었다.
② 1945년 (월 일)에 창설되었다.
③ 여운형이 ( ) 등과 함께 조직하였다.
④ ( )를 조직하였다.
⑤ ( )를 조직하였다.
⑥ 전국에 ( )개의 지부를 두었다.
⑦ ( ) 수립을 선포하였다.
⑧ "서울에 ( )개월분의 식량을 확보할 것."
⑨ "노동자와 농민을 건국사업에 동원하는데 ( )."

04 여운형에 대하여 다음을 각각 답하시오.

① 1918년에 조직한 것은?
② 1944년에 조직한 것은?
③ 1945년 8월에 수락한 것은?
④ 1945년 8월에 조직하고, "위원장"이 된 조직은?
⑤ 1945년 9월에 선포하고, "부주석"이 된 것은?
⑥ 1945년 11월에 창당하고, "당수"가 된 당은?
⑦ 1946년 7월에 김규식과 함께 구성한 것은?
⑧ 한지근에 의해 피살된 연월(年月)은?

05 '연합성 신민주주의'를 표방하고 '신민당'을 결성한 인물은? (2명)

합격을 위한 암기강화 프로젝트

06 '신민족주의 및 신민주주의'를 표방하고 '국민당'을 결성한 인물은?

07 인민공화국을 부정하고, 대한민국 임시정부의 법통을 계승하려고 '한국민주당'을 결성한 인물은?

08 독립촉성중앙협회의를 조직한 '때'와 '인물'은?

09 신탁통치 반대 국민 총동원 중앙 위원회를 결성한 인물은?

10 대한독립촉성 국민회를 결성한 '때'와 '인물들'은?

11 남조선 과도정부의 민정장관은?

12 대한민국 정부의 초대 부통령은?

13 광복 전후 한국 문제를 논의한 국제 회담에 대하여 답하시오.

회담의 특징	명칭	시기	참가국
① '적당한 절차를 거쳐(in due course) 조선을 자주 독립시킬 것'을 결의한 회담			
② 소련의 대일전 참전을 논의한 회담			
③ 카이로 회담의 결의를 재확인한 회담			
④ 카이로 선언의 구체적 실천방안을 논의한 회담			

14 모스크바 3국 외상회의에 관련하여 답하시오.

질문	답
① 참가자는?	미국의 (　　　) 국무상, 영국의 (　　　) 외상, 소련의 (　　　) 외상
② 무엇의 계기가 되었는가?	(　　　) 심화의 계기
③ 결의사항 4가지는?	1. 2. 3. 4. 2주일 이내 미·소 양군 사령부 대표회의 소집

15 제1차 미소공동위원회와 제2차 미소공동위원회 사이에 일어난 사건은? (4개)

16 UN과 관련하여 다음을 답하시오.

① 인구비례에 따른 남북한 총선거를 결의한 UN의 회의는?
② '우선 가능한 지역'에서의 총선거를 결의한 UN의 회의는?
③ 대한민국을 '한반도' 내 유일한 합법정부로 승인한 UN의 회의는?
④ 우리나라의 총선거를 감시하기 위해 UN에서 파견한 단체는?
⑤ 북한을 '침략자'로 규정하고, 북한 군대를 38도선까지 철수할 것을 요구한 회의체는?
⑥ 전쟁 피해를 입은 한국을 지원하기 위해 설치한 UN의 기구는?
⑦ 남북한 UN 동시 가입과 호혜 평등(互惠平等)의 원칙을 내세운 통일 정책 선언은?
⑧ 남북한이 UN에 동시 가입한 정부는?

17 ① 좌우 합작 운동의 주요 인물(2명), ② 남북협상의 주요 인물(2명)은?

18 남조선 과도입법의원의 의장은?

19 1948년의 사건들이다. 무슨 일이 있었는가?

날짜	사건
① 2월 7일	
② 2월 10일	
③ 4월 3일	
④ 4월 19일	
⑤ 5월 10일	
⑥ 5월 31일	
⑦ 7월 17일	
⑧ 7월 20일	
⑨ 8월 15일	
⑩ 9월 9일	
⑪ 9월 22일	
⑫ 10월 19일	
⑬ 10월 22일	
⑭ 12월 12일	

20 농지개혁(토지개혁)과 관련하여 답하시오.

> ① 북한의 토지 개혁을 주도한 기구는?
> ② 북한의 토지 개혁 방식은?
> ③ 미군정이 농지 개혁을 위해 설치한 기구는?
> ④ 남조선 과도정부 산하에 두어 토지분배 업무를 담당하였던 기구는?
> ⑤ 이승만 정부의 농지개혁을 위한 법률은?
> ⑥ 이승만 정부의 농지개혁 방식은?
> ⑦ 이승만 정부의 농지개혁의 결과는?
> ⑧ 소작료를 수확량의 1/3로 낮춘 농지개혁은?

21 6·25 전쟁의 순서이다. 무슨 일이 있었는가?

날짜	역사적 사실
① 1950년 1월 12일	
② 1950년 6월 25일	
③ 1950년 6월 26일	
④ 1950년 9월 15일	
⑤ 1950년 10월 25일	
⑥ 1951년 1월 4일	
⑦ 1951년 2월	
⑧ 1951년 7월	
⑨ 1953년 6월 18일	
⑩ 1953년 7월 27일	
⑪ 1953년 10월	

22 일제강점기에 조선공산당 활동을 하였으며, 이승만 정부에서 농림부 장관을 하였으며, 1958년 2월 국가보안법 위반 혐의로 체포된 인물은?

23 "못 살겠다. 갈아보자!" "갈아봤자 별 수 없다!"가 구호였던 선거의 결과는?

정당	자유당	민주당	진보당(가칭)
정통령 후보	① (　　　)(당선)	신익희(사망)	③ (　　　)(선전)
부통령 후보	이기붕	② (　　　)(당선)	박기출

24 4·19 혁명과 관련하여 답하시오.

구분	내용
① 원인	( ), 부정부패, 경제불황, 독재
② 순서	대구 → ( ) → 전국적 학생 시위 → 대학교수단 시국선언문 발표
③ 결과	( ) 출범(의원내각제 정부, 양원제 의회, 제2공화국, 민주당 정권), 부정축재자 처벌, 통일 논의 활발

25 다음의 발언(발표문)과 관련된 인물은?

① "우리는 남방만이라도 임시 정부 혹은 위원회 같은 것을 조직하여"

② "국민이 원하면 대통령직을 사임하겠다."

③ "이 육신을 조국이 수요로 한다면 당장에라도 제단에 바치겠다."

④ "한국이 있고야 한국 사람이 있고, 한국 사람이 있고서야 민주주의도 공산주의도 또 무슨 단체도 있을 수 있는 것이다."

⑤ "반공을 국시의 제일의로 삼고"

⑥ "이 개헌안에 의하면 4년마다 대통령 선거를 실시하게 되어 있으므로 영구 집권이란 있을 수 없다."

⑦ "정의 사회 구현! 통일민주 복지국가 건설!"

⑧ "남측의 연합제 안과 북측의 낮은 단계의 연방제 안이 서로 공통성이 있다."

26 다음 사건이 발생한 연도를 쓰시오.

① 자유당 창당

② 부산 정치파동

③ 국가보안법 파동

④ 윤보선 대통령 당선

⑤ 국가재건최고회의 구성

⑥ 민주공화당 창당

⑦ 6·3 시위

⑧ 브라운 각서 체결

⑨ 국민교육헌장 제정

⑩ 통일주체국민회의 설치

⑪ 김대중 납치사건

⑫ 민청학련(전국민주청년학생총연맹) 사건

⑬ 3·1 민주구국선언

⑭ YH 무역사건

⑮ 국민연금제도 도입

⑯ 독일 통일

27 대통령 선거와 관련하여 답하시오.

① 이승만은 몇 대 대통령인가?

② 박정희는 몇 대 대통령인가?

③ 간선제로 선출된 대통령은?

28 관련된 민주화 운동은?

① 대통령 중심제에서 내각책임제로 헌법이 개정되었다.

② 마산의 중앙부두에서 김주열군의 시신이 발견되었다.

③ "1. 이 나라는 민주주의의 기반 위에 서야 한다."

④ "현재 제주를 제외하고 전국에 실시되고 있는 비상계엄을 해제해야 합니다."

⑤ "국가의 미래요 소망인 꽃다운 젊은이를 야만적인 고문으로 죽여놓고"

⑥ 국민평화대행진의 날에는 전국에서 100만 명 이상의 시민들이 시위에 참여하였다.

⑦ 민주헌법 쟁취 범국민 대회를 전국 각지에서 개최하였다.

⑧ 대통령 직선제, 5년 단임제를 골자로 하는 헌법 개정이 있었다.

⑨ 학생 사망과 헌법 개정으로 이어졌다.

29 헌법 개정과 관련하여 답하시오.

① 직선제 개헌은?

② '사사오입' 개헌의 주요 내용은?

③ "민의원과 참의원으로 구성", "보통, 평등, 직접, 비밀 선거"는?

④ 3차 개헌과 5차 개헌의 내용은?

⑤ 유신헌법의 주요 내용은? (4개)

⑥ 7차 개헌, 8차 개헌, 9차 개헌의 대통령 임기는?

⑦ 헌법 전문 중 "유구한 역사와 전통에 빛나는 우리 대한민국은 (가)으로 건립된 (나)의 법통과 불의에 항거한 (다)을 계승하고"에서 (가)~(다)에 들어갈 말은?

30 1977년에 1인당 GNP는 (①) 달러를 넘었고, 수출은 (②) 불을 넘었다.

31 몇 년대인가? (1950년대, 1960년대, 1970년대, 1980년대, 1990년대)

① "삼백산업이 발달하였다."

② "천리마 운동을 전개하였다."

③ "소련파, 연안파 인물들이 숙청되었다."

④ 주체 사상의 지도 이념화

⑤ 4대 군사 노선 채택
⑥ "새마을 가꾸기 운동이 추진되었다."
⑦ 석유 파동
⑧ 청바지와 티셔츠
⑨ 장발과 미니 스커트 단속
⑩ 3대 혁명 소조운동
⑪ 3차 경제개발 5개년 계획
⑫ 민중문화 활동 활발
⑬ "대학진학률이 높아졌다."

32 7·4 남북 공동성명에 관하여 답하시오.

구분	내용
① 연도, 정부	
② 3대 원칙	
③ 협의기구(위원회)	
④ 직통전화	
⑤ 북한에 대한 태도 변화	
⑥ 직전 관련 사건	
⑦ 직후 관련 사건	

33 남북기본합의서에 관하여 답하시오.

구분	내용
① 연도, 정부	
② 3대 원칙	
③ 협의기구(위원회)	
④ 직통전화	
⑤ 북한에 대한 태도 변화	
⑥ 직전 관련 사건	
⑦ 직후 관련 사건	

34 '이산가족 방문 및 예술 공연단 교환방문에 관한 합의서'에 따라 고향방문단이 각각 평양과 서울을 방문한 때는?

35 금강산 관광이 처음으로 시작된 때는?

36 관련 있는 인물(대통령)은?

① 국가재건최고회의

② 중앙정보부

③ 통일주체국민회의

④ 국가보위비상대책위원회

⑤ 국가보위 입법회의

⑥ 대통령 선거인단

37 어느 정부인가?

① 한-미 상호 방위 조약 체결

② 한-일 협정 체결

③ 한-미 행정 협정 체결

38 어느 정부인가?

① 베트남 파병

② 소말리아 파병

③ 동티모르 파병

④ 이라크 파병

39 어느 정부인가?

① 서울 올림픽 대회 개최

② FIFA 월드컵 한일 공동 개최

40 어느 정부인가?

① 제1차 남북 정상회담

② 제2차 남북 정상회담

41 어느 정부인가?

① 10 · 19

② 4 · 19

③ 5 · 16
④ 7 · 4
⑤ 8 · 3
⑥ 6 · 23
⑦ 10 · 26
⑧ 5 · 18
⑨ 4 · 13
⑩ 6 · 29
⑪ 12 · 13
⑫ 6 · 15
⑬ 10 · 4

42 어느 정부인가?

① ILO 가입
② KEDO 발족
③ OECD 가입
④ IMF 체제
⑤ IMF 체제 탈피

43 어느 정부인가?

① 우리별 1호 발사
② 무궁화 1호 발사

44 어느 정부인가?

① 처음으로 지방자치선거 실시
② 지방자치제 부분적 실시
③ 지방자치제 전면적 실시

45 어느 정부인가?

① 소련 전투기에 의한 KAL 격추 사건
② KAL 858기 폭파 사건

46 어느 정부인가?

① 1·21 청와대 습격 사건
② 판문점 도끼 만행사건(8·18 도끼 만행사건)
③ 아웅산 폭탄 테러 사건
④ 연평 해전
⑤ 천안함 폭침 사건

47 어느 정부인가?

① 헝가리와의 국교 수립
② 소련과의 국교 수립
③ 중국과의 국교 수립

48 어느 정부인가?

① "분식의 날"
② 통일벼

49 어느 정부인가?

① 마산, 익산 수출자유지역 지정
② 경의선 철도 복원 기공식

50 어느 정부인가?

① 김일성 사망
② 김정일 사망

THEME 39 근현대사 주요 인물

명호쌤의 한마디

- 인물 문제가 매 시험마다 5~6 문제씩 출제되고 있다. 역사란 것이 결국 사람이 만들어가는 것이 아닌가. 인물에 대한 연구로 '인물 문제'도 정복하고, 그 인물이 살았던 시대에 대한 이해도 넓히기를 바란다.

독립운동가

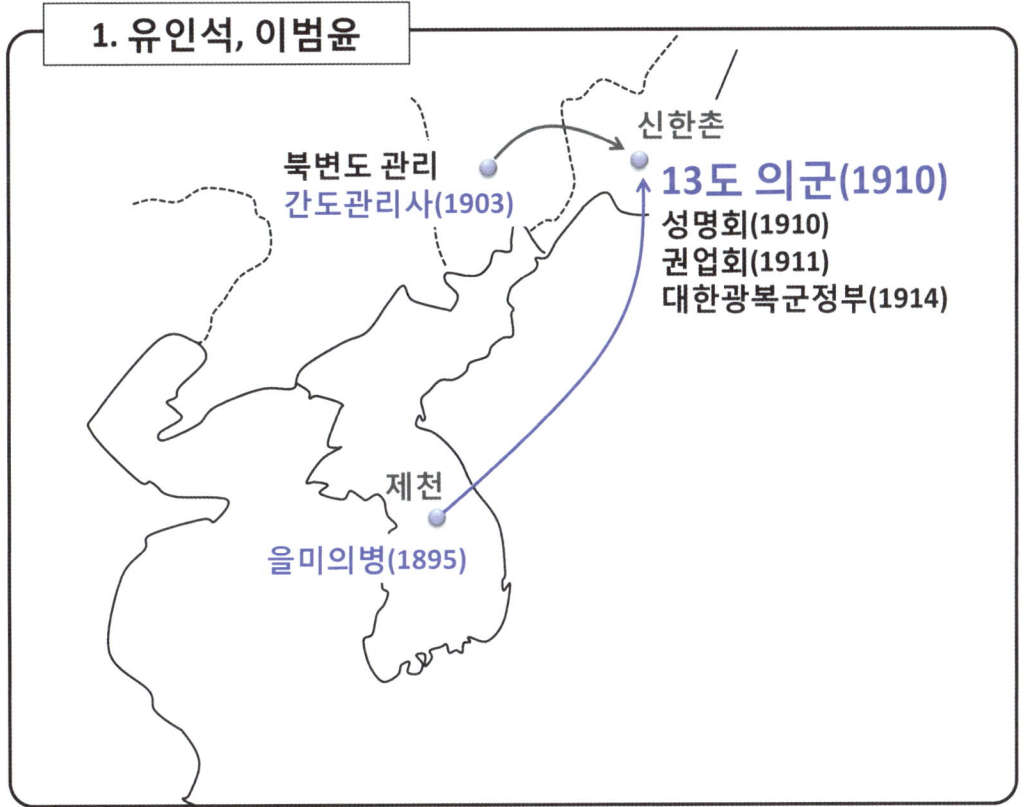

1. 유인석, 이범윤

- 북변도 관리 간도관리사(1903)
- 신한촌
- 13도 의군(1910)
- 성명회(1910)
- 권업회(1911)
- 대한광복군정부(1914)
- 제천
- 을미의병(1895)

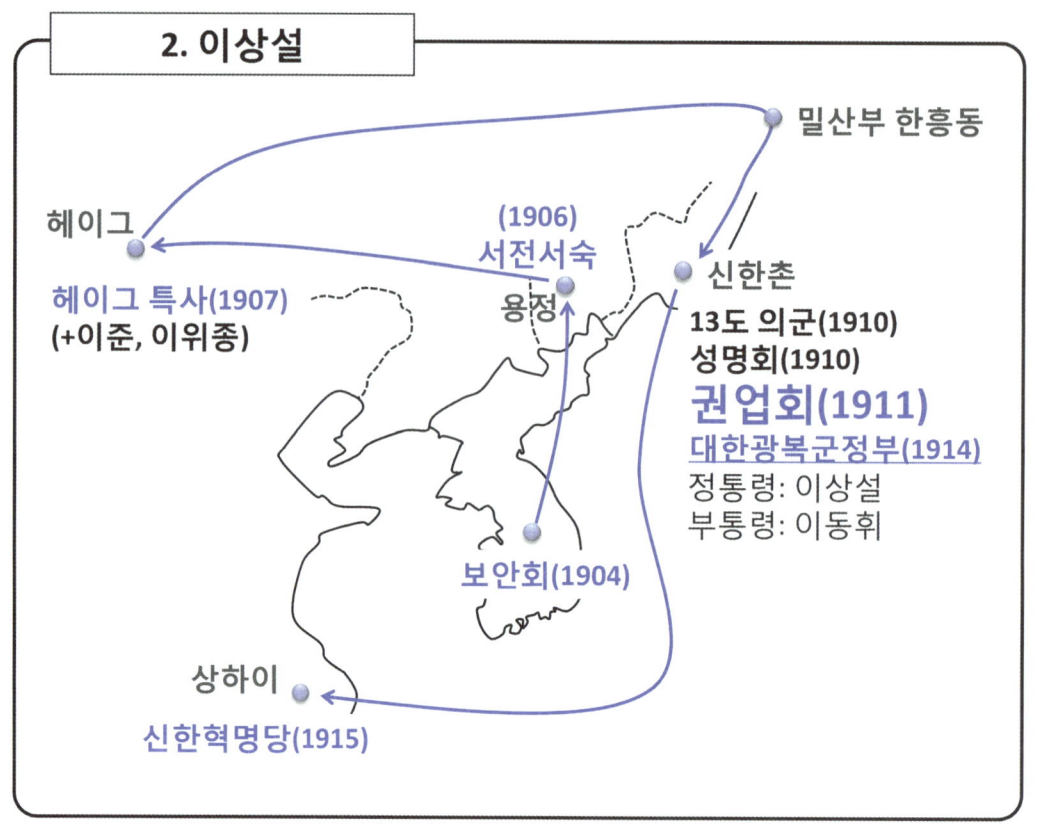

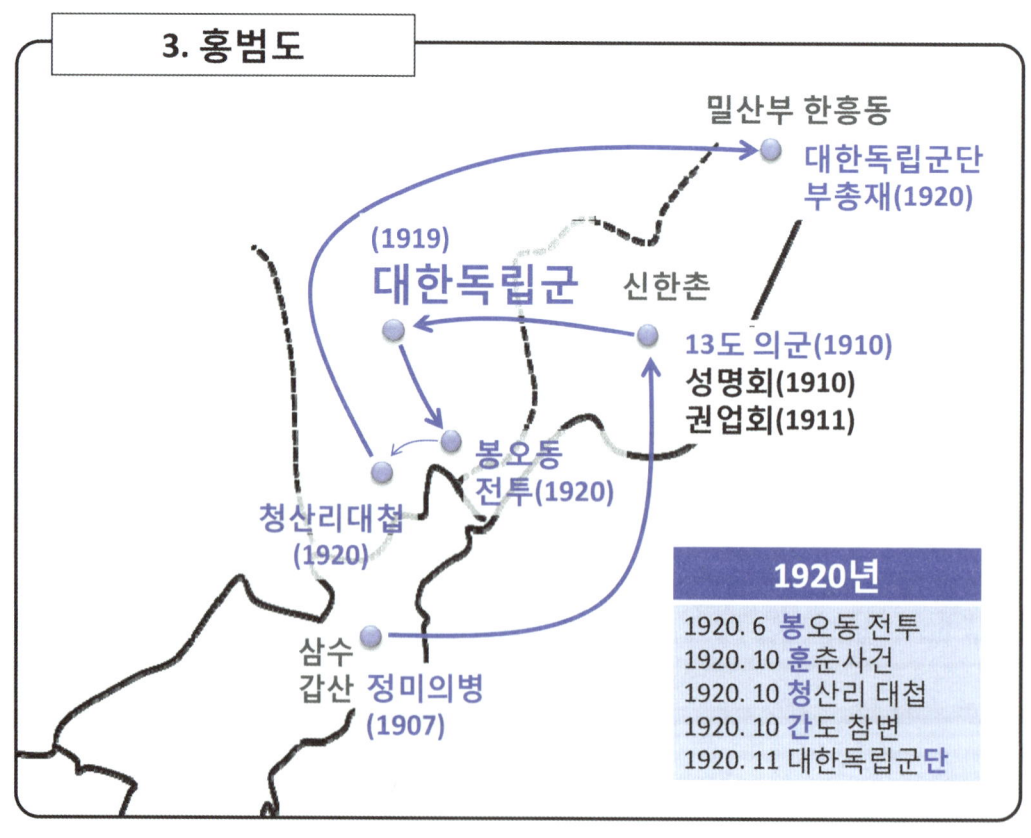

4. 이동휘

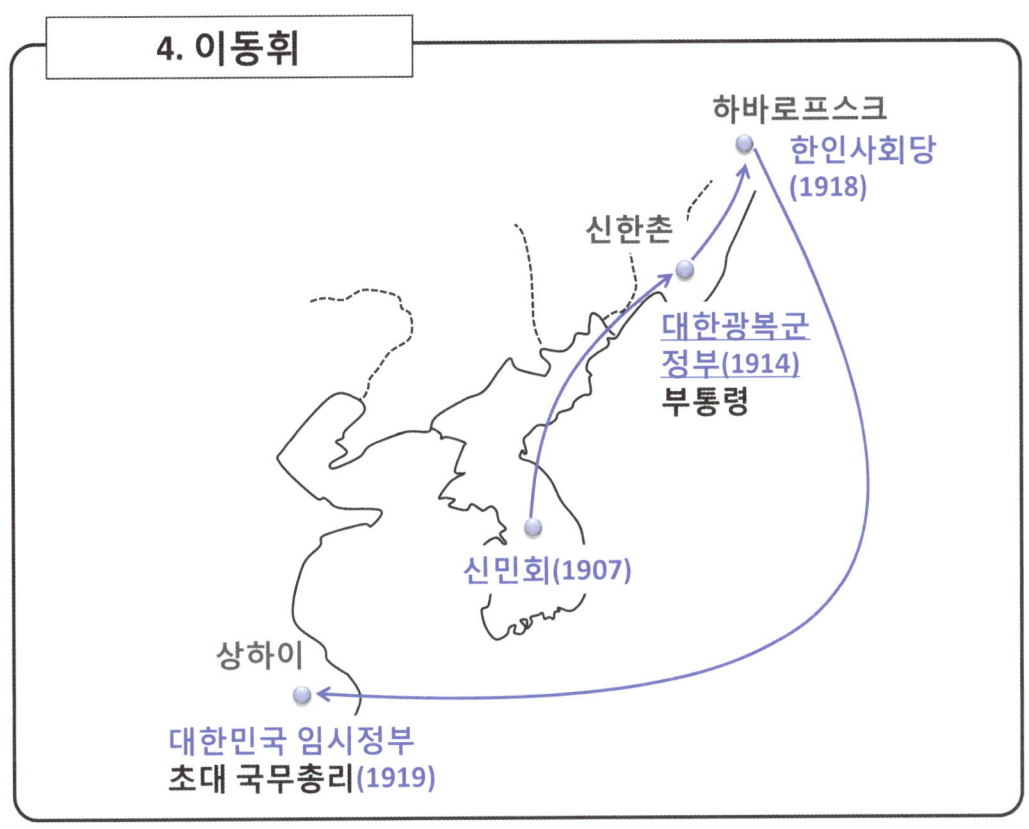

5. 안창호

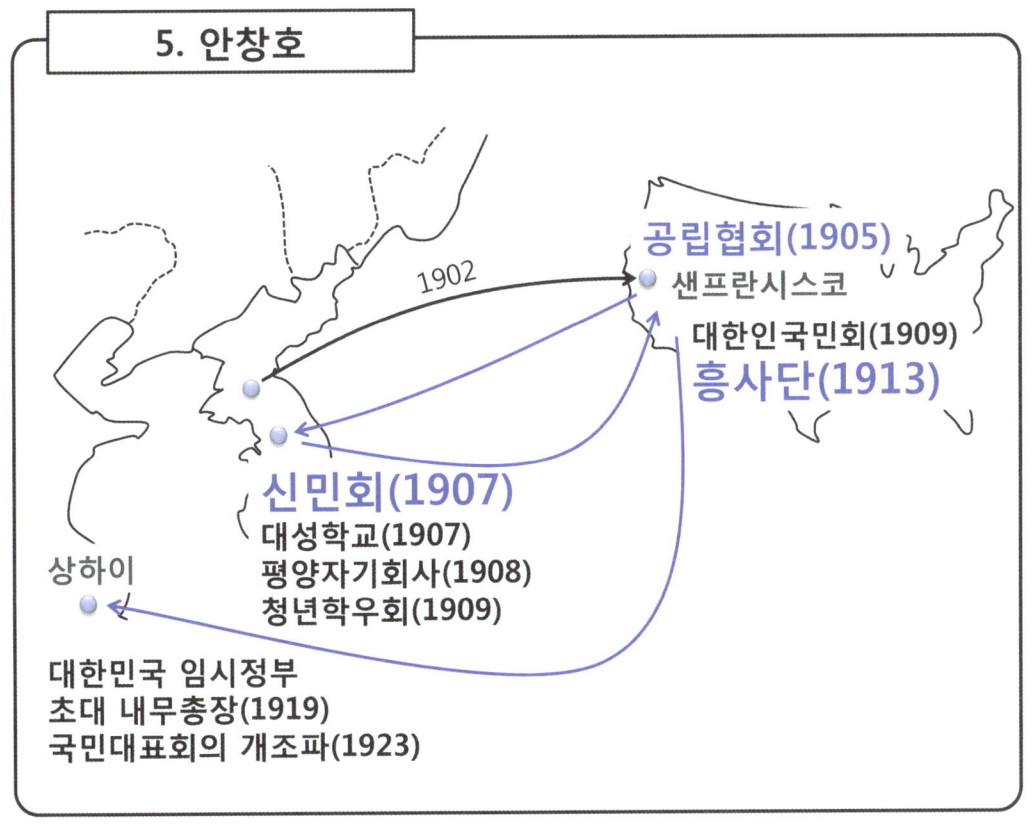

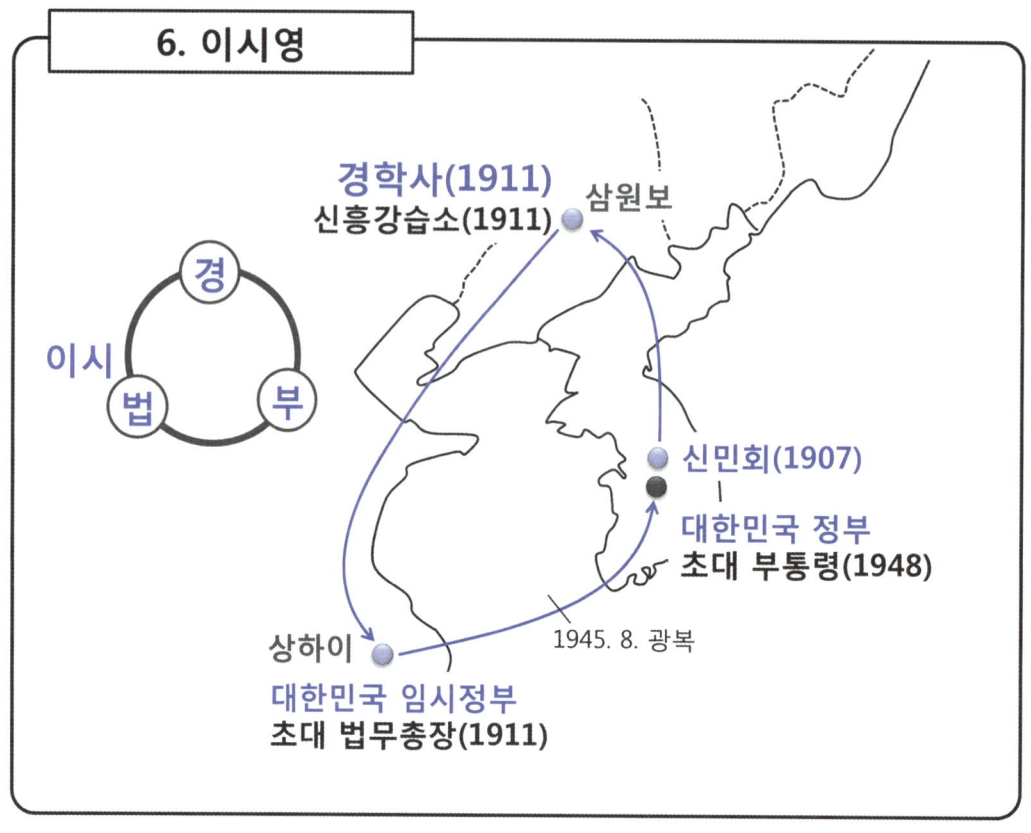

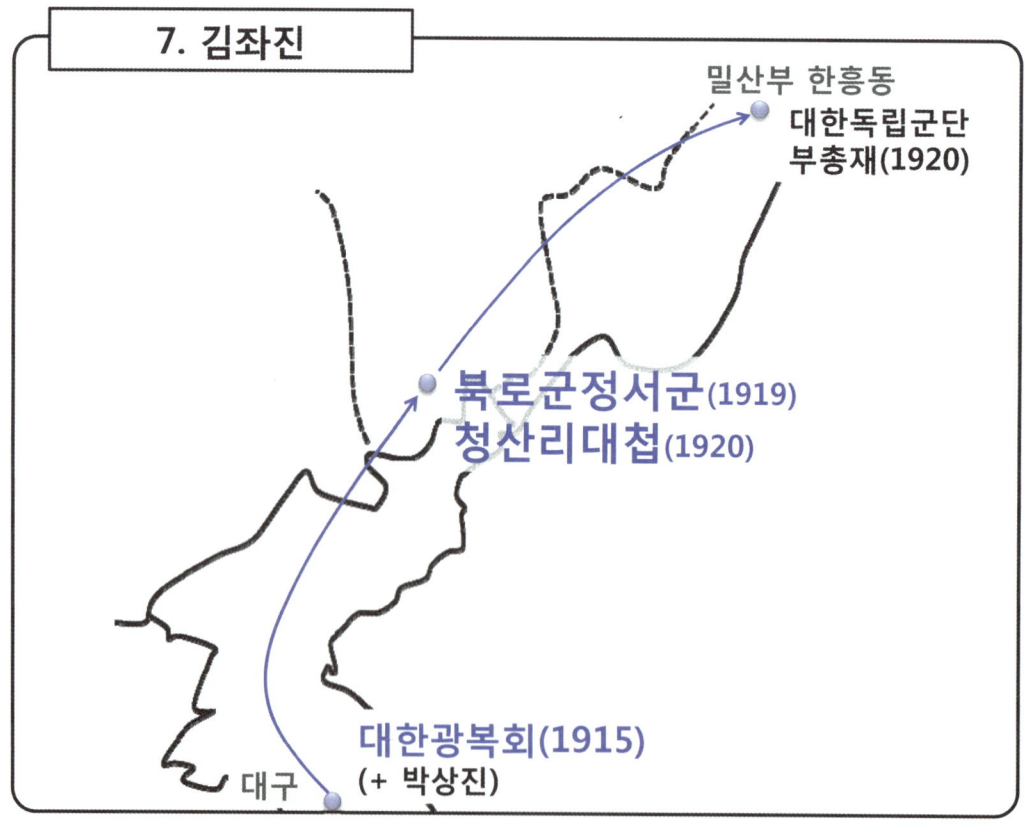

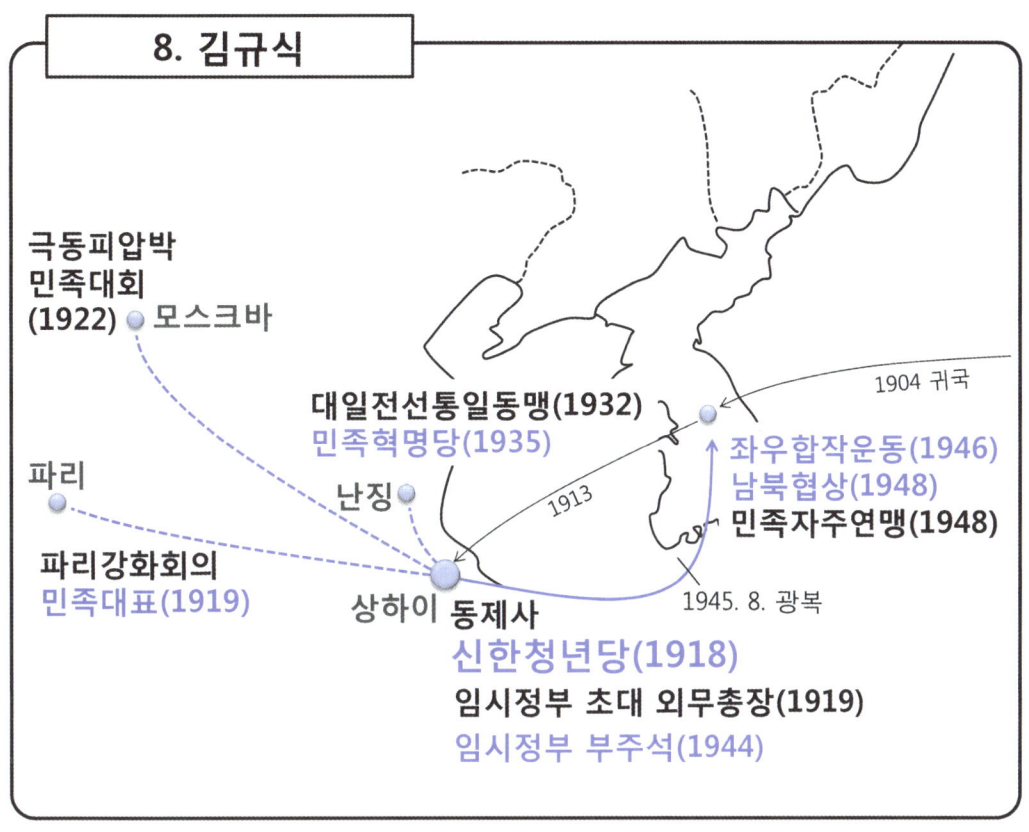

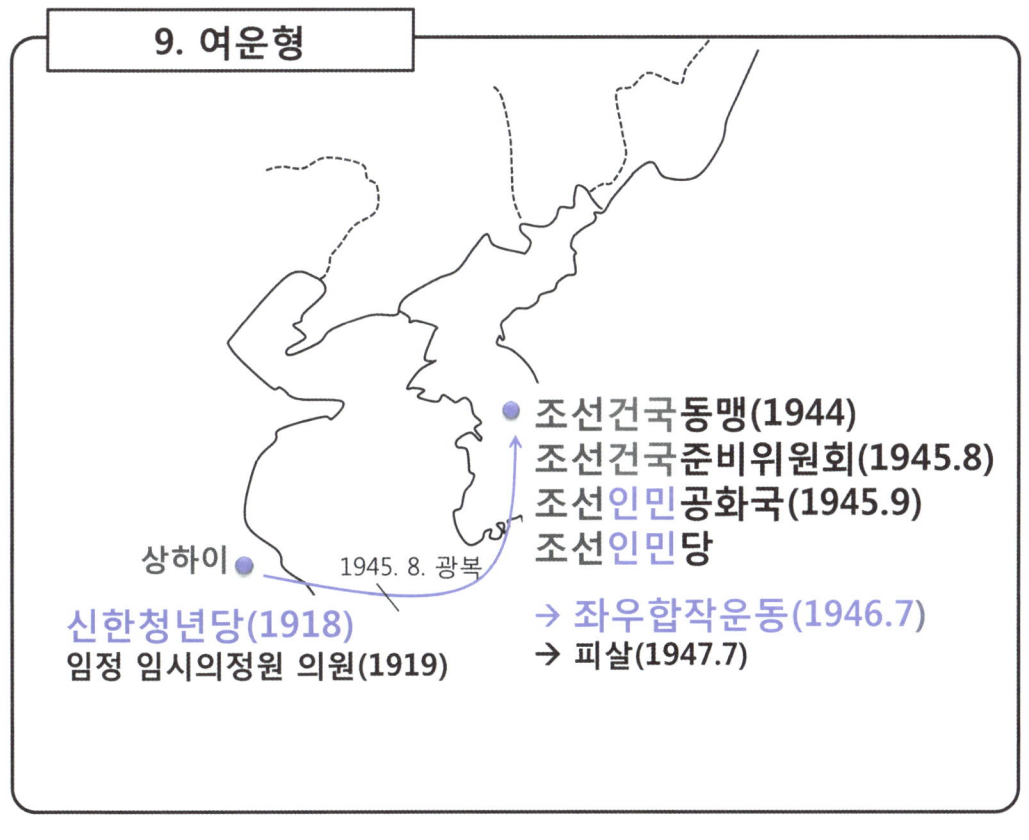

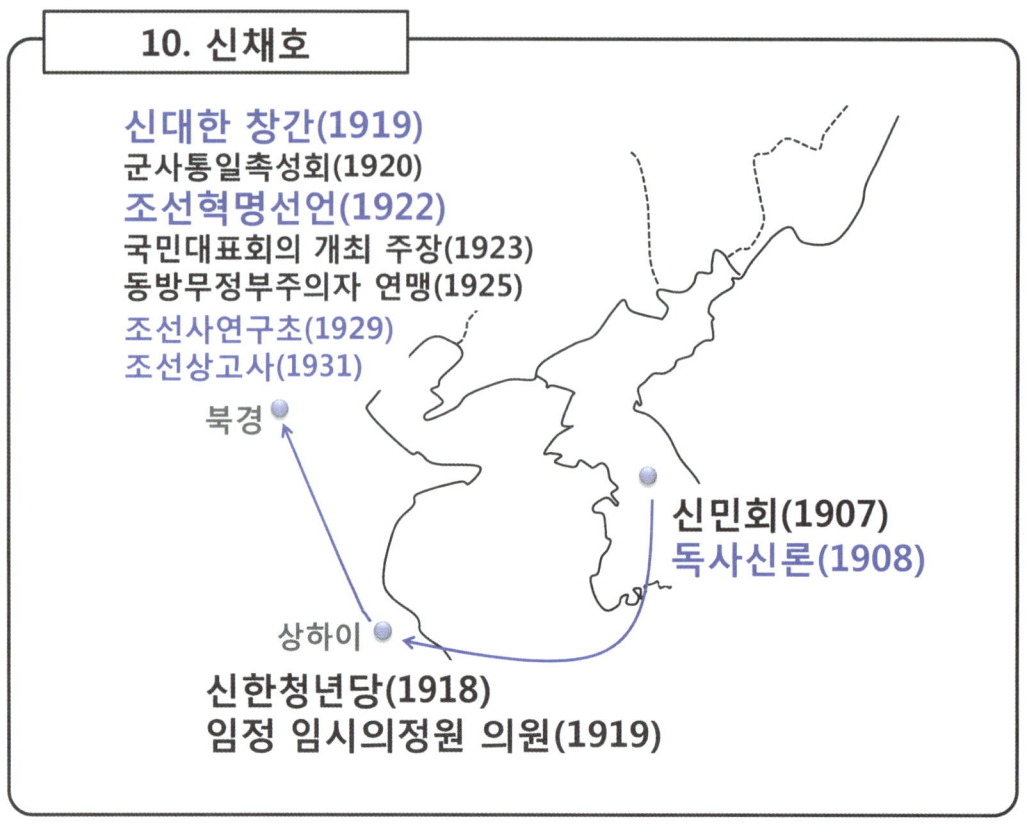

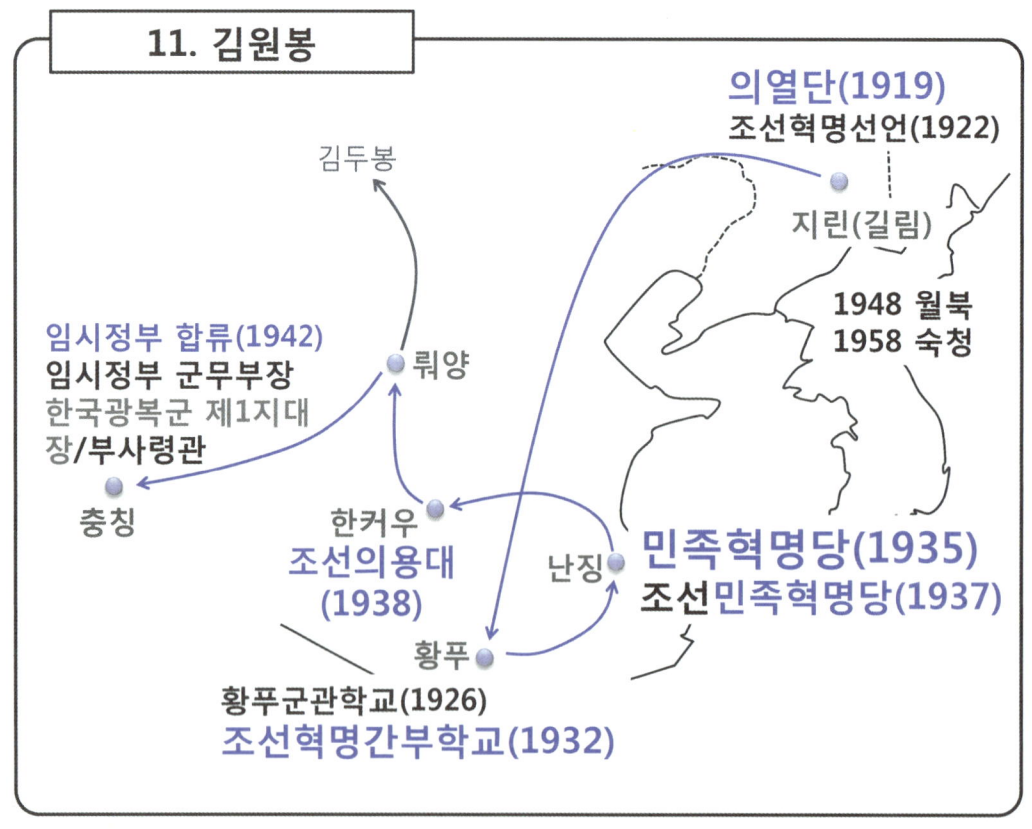

12. 지청천

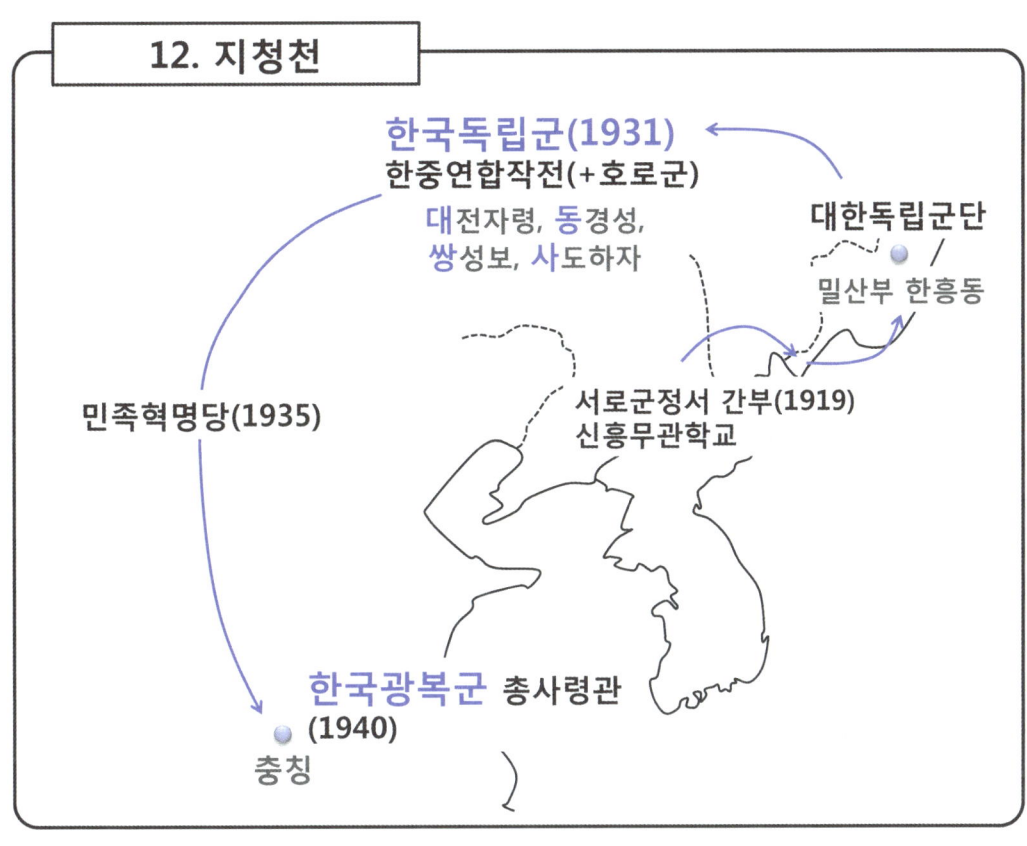

13. 양세봉

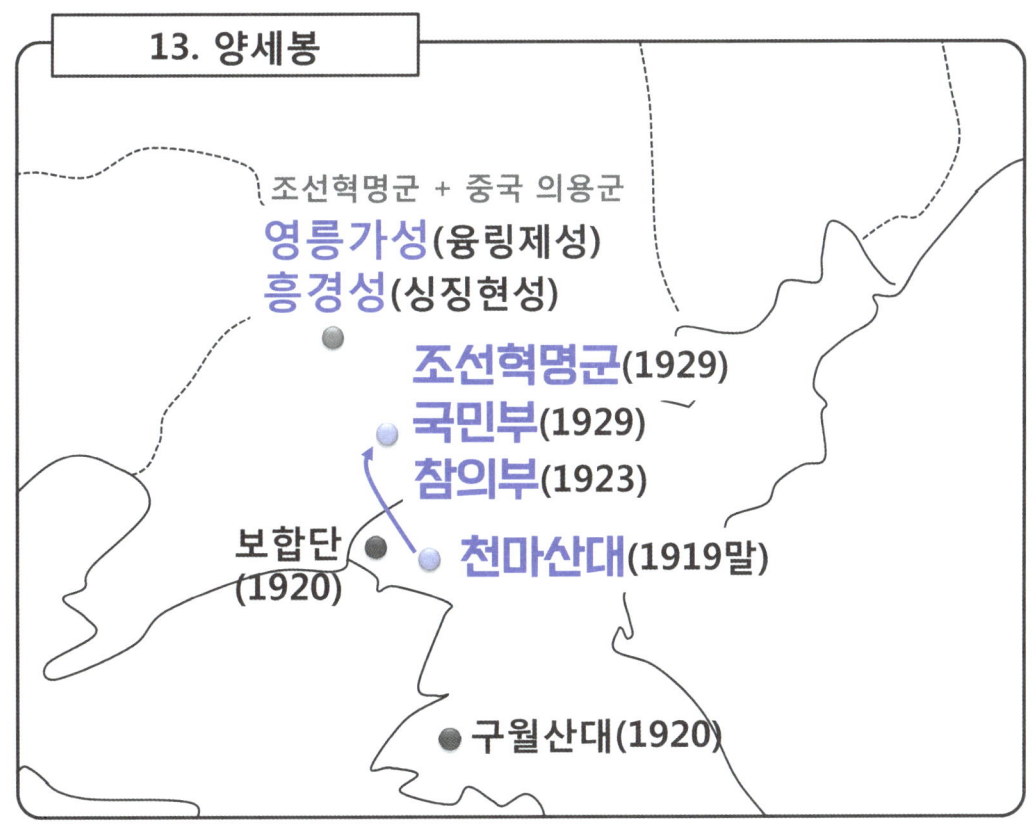

14. 조소앙

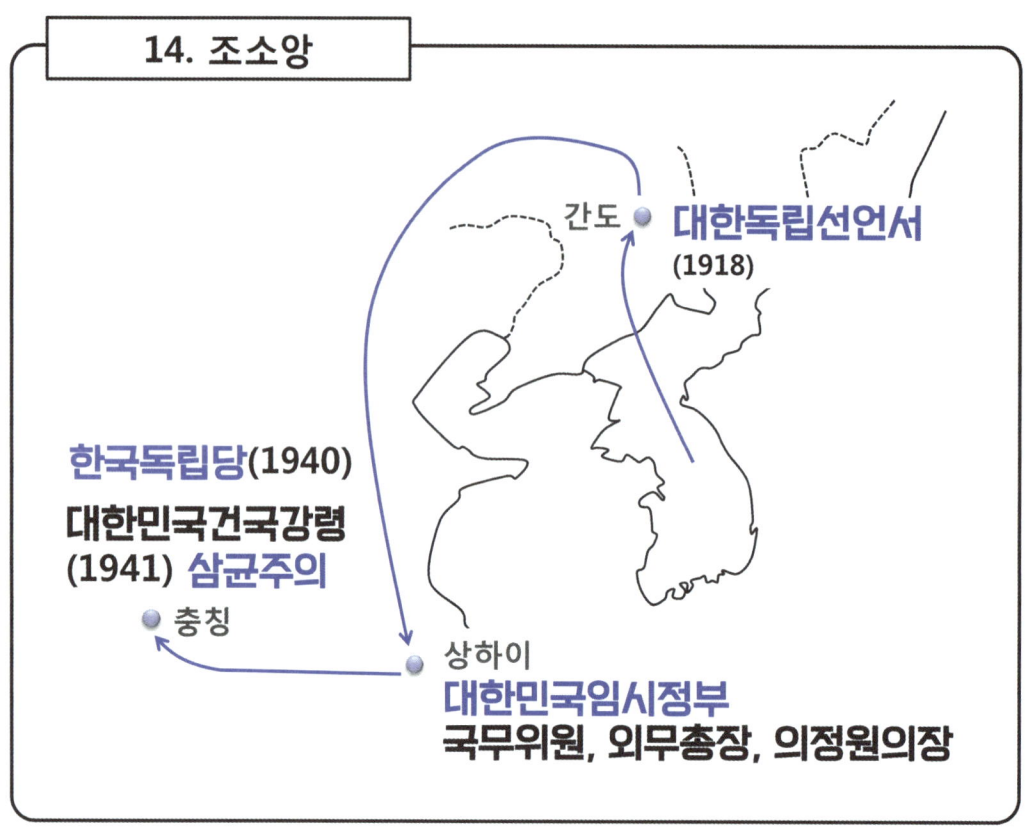

15. 박용만

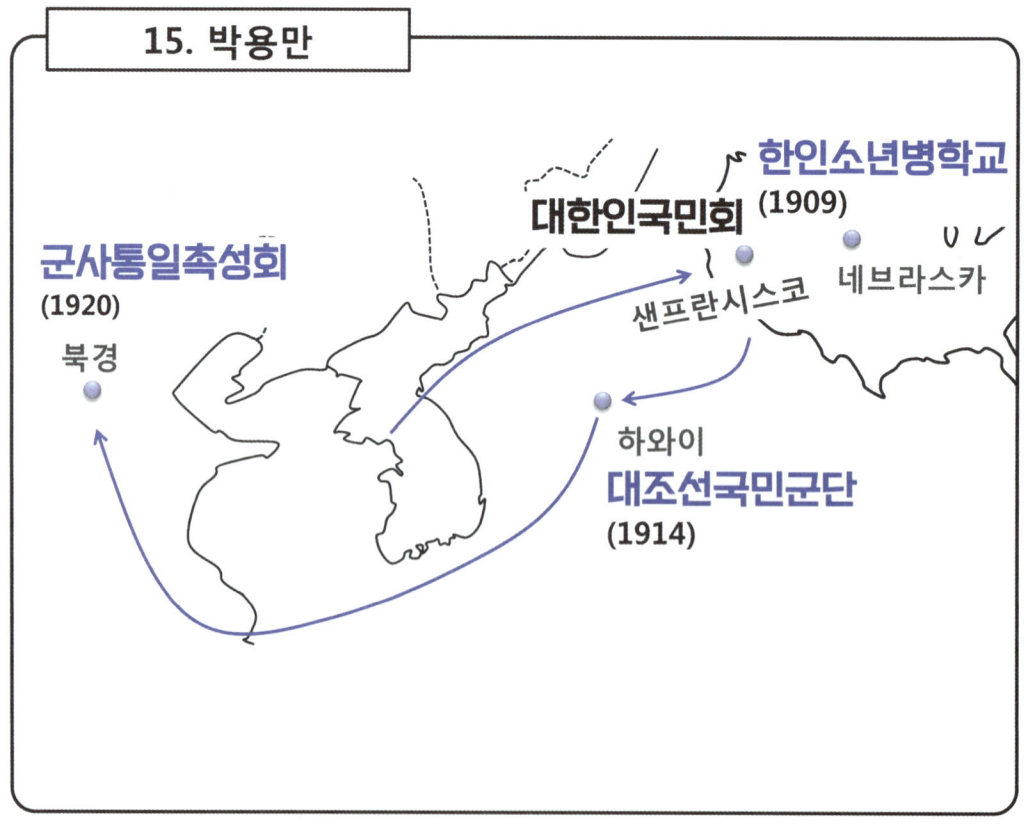

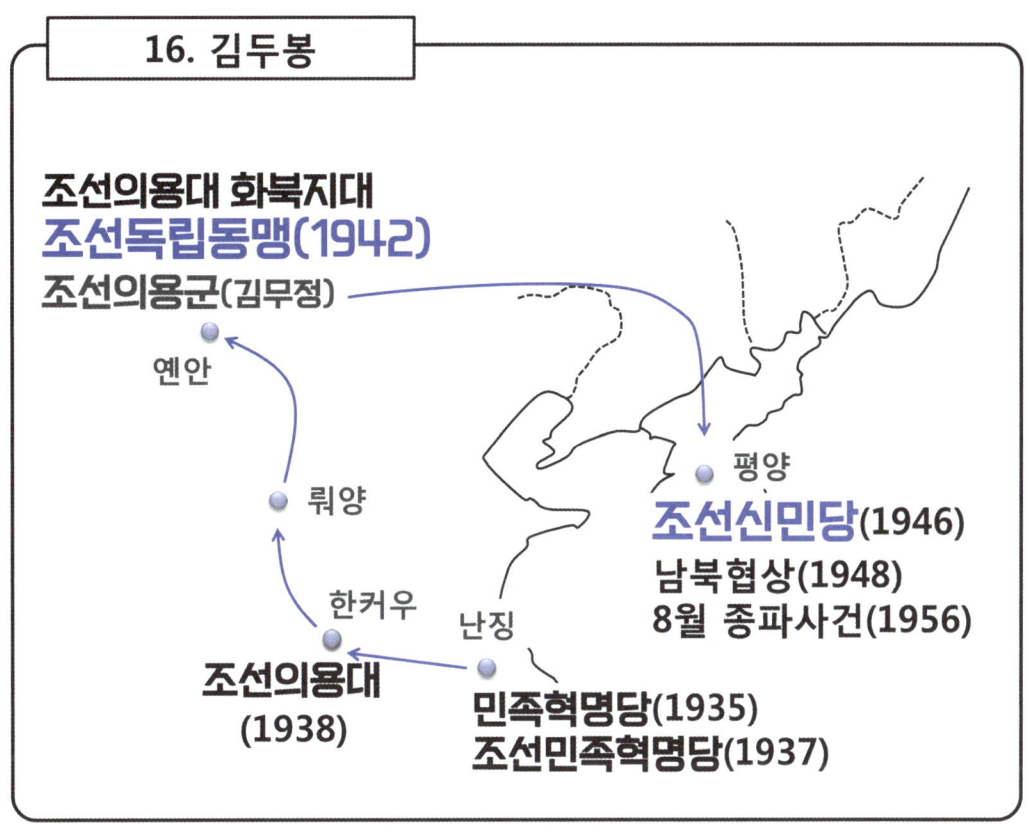

THEME 40 유네스코 문화유산

유네스코 세계 기록 유산

숫자	
ㄱ	
ㄴ	
ㄷ	
ㄹ, ㅁ, ㅂ	〈없음〉
ㅅ	
ㅇ	
ㅈ	
ㅊ, ㅋ, ㅌ, ㅍ	〈없음〉
ㅎ	
영어	

의궤(儀軌)

01 의궤는 조선 시대 국가나 왕실에서 거행한 주요 (　　　)를 기록과 그림으로 남긴 책이다.
= (　　　)가 끝난 후에 논의나 준비 과정, 의식 절차 및 진행 등에 관해 기록하였다.

02 세자 책봉(冊封), 왕실의 (　　　), 각종 상례(喪禮)와 제례, 궁궐 건축, 국왕 초상화 제작 등에 대한 내용이 포함된다. = 왕실 (　　　)와 장례, 궁중의 잔치, 국왕의 행차 등 국가의 중요한 행사를 기록하였다.

03 (　　　　)는 섬세하고 정교한 필치로 정조의 화성 행차와 관련된 병풍, 행렬도, 의궤 등 궁중 풍속을 많이 남겼다.

04 (　　　　)부터 제작되었으나, 임진왜란 이전의 것은 현재 남아 전해지는 것이 없다. 현재 서울대 규장각에 약 2천5백권이 있다.

05 정조는 강화도에 (　　　　)을 두어 왕실의 행사를 기록한 의궤 등 서적을 보관하였다.

06 강화도 외규장각에 보관되어 있던 의궤들은 (　　)양요 때에 프랑스군에 의해 약탈당하였다. = 1866년 프랑스군이 강화도를 침략하였다가 40여 일 만에 물러가면서 외규장각에 있던 다수의 의궤를 약탈하였다.

07 프랑스국립도서관에 보관되어 있던 외규장각 의궤는 2011년 임대의 형식으로 우리나라에 반환되어 현재 국립중앙박물관에 보관되어 있다.
= (　　　)년 만에 정순왕후 가례도감 의궤를 포함한 외규장각 의궤 297책 전체가 돌아왔다.

08 외규장각 의궤 반환과 관련하여, (　　　　　)의 정족산성 전투 활약상을 조사하는 것은 그 의미가 크다.

09 (　　　)와 차자(借字) 및 우리의 고유한 한자어(漢字語) 연구에도 귀중한 자료이다.

10 고종 황제의 즉위식을 기록한 의궤는 '고종(　　　)의궤'이다.

11 왕실의 혼인이 있을 때는 (　　　　)의궤를 작성하였다. 이 의궤는 왕비를 간택하는 과정, 혼수 물품, 국왕이 왕비를 맞이하러 가는 과정 등을 묘사하였다.

12 국왕이나 왕비가 (　　)하였을 때에는 '국장도감의궤'를, 왕세자나 세자빈이 (　　)하였을 때에는 '예장도감의궤'를 만들었다.

13 궁궐이나 성곽의 건축 과정을 담은 '영건도감의궤'가 있고, 화성 성곽을 축조한 공사에 관해 기록한 (　　　　)의궤처럼 특별한 공사 건축의 전 과정을 기록한 의궤도 있다.

14 조선왕조 의궤는 2007년에 (　　　　) 세계 기록 유산에 등재되었다.

해커스공무원학원 · 공무원인강

gosi.Hackers.com

해커스공무원 이명호 한국사 암기강화 프로젝트 워크북

워크북 정답모음

THEME 01 ~ THEME 40

THEME 01 지역의 역사

🔑 시험에 나오는 강

1. 낙동강, 2. 영산강, 3. 금강, 4. 한강, 5. 예성강, 6. 대동강, 7. 청천강, 8. 압록강, 9. 두만강, 10. 송화강(쑹화강), 11. 아무르강

🔑 단답형으로 생각 키우기

1. ① 흥화진, ② 각장, ③ 개시, ④ 백마산성, ⑤ 만상
2. ① 역포리, 만달리, ② 남경, ③ 고국원왕, ④ 국내성, ⑤ 안동 도호부, ⑥ 훈요10조, ⑦ 대화궁, ⑧ 조위총, ⑨ 최광수, ⑩ 동녕부, ⑪ 고니시 유키나가, ⑫ 명, ⑬ 유상, ⑭ 제너럴셔먼호, ⑮ 물산장려운동, ⑯ 평남건국준비위원회, ⑰ 김규식
3. ① 태조 왕건, ② 만월대, ③ 현종, ④ 만적, ⑤ 나성, ⑥ 몽골, ⑦ 상평창, ⑧ 동서대비원, ⑨ 팔관회, ⑩ 송상, ⑪ 개성공업지구
4. ① 혈구진, ② 최우, ③ 상정고금예문, ④ 상감청자, ⑤ 정족산, ⑥ 참성단, ⑦ 정제두, ⑧ 외규장각, ⑨ 양헌수, ⑩ 어재연
5. ① 서원소경, ② 민정문서, ③ 흥덕사, ④ 이인좌의 난
6. ① 석장리, ② 문주왕, ③ 송산리, 송산리, ④ 김헌창, ⑤ 명학소, 명학소, ⑥ 우금치
7. ① 송국리, 송국리, ② 성왕, ③ 백제역사유적지구, ④ 부소산(성), 능산리, ⑤ 최영, ⑥ 이몽학
8. ① 미륵사, 사택적덕, ② 보덕국, ③ 신문왕, ④ 박정희
9. ① 벽골제, ② 금산사, ③ 벽골군
10. ① 왕건, 왕건, ② 현종, ③ 정도전, ④ 소론
11. ① 봉정사, ② 이천동, ③ 공민왕, ④ 안동 권씨 성화보, ⑤ 예안
12. ① 빌레못 동굴, ② 고산리, ③ 삼양동, ④ 동성왕, ⑤ 고려, ⑥ 항파두리, ⑦ 탐라총관부, ⑧ 1
13. ① 지증왕, ② 1881, ③ 세종실록지리지, ④ 은주시청합기, ⑤ 안용복, ⑥ 삼국접양지도, ⑦ 태정관, 조선국교제시말내탐서, ⑧ 군, ⑨ 시마네현, ⑩ 677, ⑪ 이승만

THEME 02 선사시대

🔑 '선사시대' 기출문장 시대 구분 연습

번호	시대
1	신석기 시대
2	신석기 시대
3	신석기 시대
4	청동기 시대
5	청동기 시대
6	청동기 시대
7	청동기 시대
8	구석기 시대

번호	시대
9	신석기 시대
10	구석기 시대
11	청동기 시대
12	청동기 시대
13	구석기 시대
14	구석기 시대
15	신석기 시대
16	철기 시대

번호	시대
17	청동기 시대
18	청동기 시대
19	철기 시대
20	철기 시대
21	철기 시대
22	구석기 시대
23	청동기 시대

단답형으로 생각 키우기

1. 동굴, 바위그늘, 막집
2. 자르개
3. 함북 웅기 굴포리 유적, 공주 석장리 유적
4. 경기 연천 전곡리 유적
5. 지탑리, 남경, 송국리, 흔암리
6. 빗살무늬, 붉은, 검은
7. 미송리식 토기
8. (돌)삽, (돌)보습, (돌)낫, (돌)괭이, 반달돌칼
9. ① 중앙, ② 직사각형, ③ 집 밖(따로 설치, 독립된 저장시설)
10. 저습지, 8~7, 반달돌칼
11. 간돌검, 주춧돌
12. 사연댐
13. 비파형, 세형
14. 독무덤, 널무덤
15. 창원 다호리 유적

THEME 03 고조선과 초기 국가

'초기 국가' 기출문장 국가 구분 연습

번호	국가	번호	국가
1	옥저	20	고구려
2	부여	21	고구려
3	부여	22	삼한
4	부여	23	삼한
5	옥저, 동예	24	삼한
6	고조선	25	고구려
7	고조선	26	부여
8	고조선	27	고조선
9	부여	28	고조선
10	고조선	29	삼한
11	고조선	30	부여
12	동예	31	부여
13	부여	32	동예
14	고구려	33	고구려
15	삼한	34	고구려
16	고구려	35	고구려
17	고구려	36	삼한
18	부여	37	고조선(위만 조선)
19	삼한	38	부여

단답형으로 생각 키우기

1. 연나라, 강력한 왕, 진개
2. 기원전 5세기, 기원전 2세기(위만 조선)
3. 중계무역, 중계무역
4. ① 충렬왕, ② 제왕운기, ③ 이승휴, ④ 응제시주, ⑤ 단종 때, ⑥ 동국여지승람
5. 노비(계급), 화폐, 노동력, 사유재산
6. 부여
7. (부여) 마가, 우가, 저가, 구가, (고구려) 상가, 고추가
8.

나라	제천행사 명칭	시기
부여	영고	12월(은력 정월)
고구려	동맹	10월
동예	무천	10월
삼한	수릿날, 계절제	5월, 10월

9. 얼음, 관(棺), 옥갑(玉匣), 고구려, 옥저
10. 말, 단궁, 벼
11. 고구려, 옥저, 동예
12. 민며느리제
13. 옥저, 동예
14. ① 천군, ② 신지, 견지

THEME 04 무덤 양식

무덤의 구조

무덤 양식	구조	대표적 무덤		
고인돌	굄돌, 덮개돌	고창, 화순, 강화		
	1. 지배층, 족장, 권력자 2. 계급 발생, 권력자의 정치력·경제력, 고조선의 세력 범위 3. 거친무늬 거울, 미송리식 토기, 비파형 동검, 반달돌칼			
굴식 돌방무덤	널방	고구려	강서대묘, 쌍영총, 무용총	
		백제	송산리 1~5호분, 능산리 고분군	
		신라	삼국시대	통일신라
			어숙묘	김유신묘, 성덕대왕릉, 괘릉
		발해	정혜공주묘	
	1. 벽화, 모줄임 천장구조, 둘레돌에 12지 신상(통일신라) 2. 고구려			
돌무지 덧널무덤	냇돌(돌무지), 봉토	천마총, 황남대총, 호우총		
벽돌무덤	–	백제	무령왕릉, 송산리 6호분	
		발해	정효공주묘	

단답형으로 생각 키우기

1. ① 계단식돌무지무덤, ② 굴식돌방무덤
2. ① 계단식돌무지무덤, ② 굴식돌방무덤

3. (고구려) 강서대묘, 쌍영총, (백제) 능산리, (발해) 정혜공주묘
4. 송산리 6호분, 정효공주묘
5. 돌무지덧널무덤
6. 수산리 벽화고분
7. 쌍영총
8. 천마총, 황남대총, 금관총

THEME 05 승려

'승려' 기출문장 괄호 넣기 연습

1. (고구려) 소수림왕, (백제) 동진, (신라) 눌지 마립간(왕), 법흥왕
2. 겸익
3. 법흥왕, 진덕여왕
4. 중관, 유식
5. 무애가
6. 의상
7. 의상
8. 진표
9. 원측
10. 혜초
11. 가지산파
12. 제관, 의통
13. 균여
14. 균여
15. 의천
16. 의천
17. 의천
18. 의천
19. 지눌
20. 혜심
21. 법화신앙
22. 극락왕생
23. 원간섭기
24. 백련사
25. 보우
26. 해동고승전
27. 간경도감
28. 문정대비(문정왕후)

단답형으로 생각 키우기

1. 소성거사, 왕후

2. 혜량, 원광, 자장, 의천, 지눌, 보우
3. 일심, 일즉다 다즉일, 성상융회, 교관겸수, 정혜쌍수
4. 승랑, 혜량, 혜자, 담징, 보덕, 혜관
5. 혜량, 혜자, 혜총, 혜관, 혜초, 혜심
6. 의상, 원측, 지눌
7. 원효
8. 원효
9. 의상
10. 의상
11. 의상
12. 의천
13. 지눌
14. 지눌
15. 의상, 심상, 균여, 의천
16. ① 보덕, ② 계율종, ③ 법성종, ④ 의상, ⑤ 법상종
17. ① 가지산파, ② 실상산파, ③ 수미산파
18. 요세
19. 지눌
20. 광종
21. 임제종
22. 지눌
23. 혜심
24. 세종
25. 세조, 명종(문정대비)
26. 진흥왕, 문왕

THEME 06 사찰(절)

시험에 자주 등장하는 사찰

번호	사찰명	번호	사찰명
1	황룡사	13	법주사
2	분황사	14	불국사
3	통도사	15	부인사
4	미륵사	16	흥덕사
5	금산사	17	월정사
6	감은사	18	상원사
7	부석사	19	법화원
8	해인사	20	수선사
9	현화사	21	경천사
10	흥왕사	22	원각사
11	국청사	23	귀법사
12	무위사		

단답형으로 생각 키우기

1. 분황사, 통도사, 영묘사
2. 부석사, 낙산사
3. 왕흥사, 미륵사
4. 부인사

THEME 07 불상과 탑

시대별 불상과 탑

(불상) 금동 연가 7년명 여래 입상, 서산 마애 삼존불, 경주 배리 석불 입상, 미륵 반가사유상

(탑) 황룡사 9층 목탑, 미륵사지 석탑, 부여 정림사지 5층 석탑, 분황사 모전석탑

단답형으로 생각 키우기

1. ① 금동 연가 7년명 여래 입상, 서산 마애 삼존불, 경주 배리 석불 입상, 미륵 반가사유상
   ② 황룡사 9층 목탑, 미륵사지 석탑, 부여 정림사지 5층 석탑, 분황사 모전석탑
2. ① 부석사 소조 아미타 여래 좌상
   ② 용주사종, 탑산사종, 천흥사종
   ③ 고달사지 승탑(원종대사 혜진탑), 흥법사지 진공대사탑, 공주 갑사 승탑, 구례 연곡사지 북부도
3. 광주 춘궁리 철불좌상(하남 하사창동 철조 석가여래 좌상), 논산 관촉사 석조 미륵보살 입상(은진 미륵), 파주 용미리 석불 입상
4. 염거화상탑, 쌍봉사 철감선사 승탑
5. ① 경천사지 10층 석탑
   ② 원각사지 10층 석탑
6. 월정사 8각 9층 석탑
7. 미륵사지 석탑, 부여 정림사지 5층 석탑
8. 분황사 모전 석탑
9. 원원사지 3층 석탑, 진전사지 3층 석탑
10. 장흥 보림사 철조 비로자나불, 철원 도피안사 철조 비로자나불
11. ① 부여 능산리 절터 ② 공주 송산리
    ③ 익산 ④ 여주
    ⑤ 충남 논산 ⑥ 평창(오대산)
    ⑦ 일본 석상신궁(이소노카미신궁) ⑧ 경주
    ⑨ 중국 지린성 ⑩ 경주

THEME 08 가야

'가야' 기출문장 괄호 넣기 연습

1. 금관가야
2. 병부
3. 화랑도, 낙동강

4. 금관가야
5. 금관가야
6. 스에키
7. 연맹
8. 신라
9. 고령
10. 가야
11. 낙랑, 규슈
12. 대등
13. 덩이쇠
14. 한치윤

단답형으로 생각 키우기

1. (522) 결혼 동맹, (532) 금관가야 멸망, (562) 대가야 멸망
2. ① 후기 가야연맹 시작(대가야 중심), 소백산맥 서쪽까지 진출, ② 백제·신라와 대등, 신라와 결혼 동맹

THEME 09 발해

'발해' 기출문장 괄호 넣기 연습

1	유득공	8	성산자산성
2	야율아보기	9	석실봉토분(굴식돌방무덤)
3	중경현덕부	10	정효공주
4	장안성	11	유교식, 좌사정, 우사정
5	무왕	12	녹읍
6	문왕	13	영광탑
7	돌궐		

단답형으로 생각 키우기

1. ① 오녀산성, ② 성산자산성
2. ① 진, ② 진, ③ 진국, ④ 진왕, ⑤ 동진, ⑥ 동진, ⑦ 전진, 전진, ⑧ 전진, ⑨ 진, 진국
3. ① 대문예, ② 장문휴
4. 중경, 상경, 동경, 주자감, 신라도, 대흥, 황상, 당과 친선, 정혜공주묘, 정효공주묘
5. 고려 국왕, 고구려 계승국, 천손
6. ① 발해 선왕, ② 의자왕, ③ 최충, ④ 원효, ⑤ 의상, ⑥ 의천, ⑦ 각훈, ⑧ 응방, ⑨ 고려 숙종, ⑩ 신숙주, ⑪ 서호수, ⑫ 한치윤

해커스공무원 이명호 한국사 암기강화 프로젝트 워크북

THEME 10 고대사회의 비교

단답형으로 생각 키우기

1.

① 기원전 2세기~기원후 2세기	한
② 3세기	삼국(위, 촉, 오)
③ 4세기	5호 16국
④ 5세기~6세기	남북조 시대
⑤ 6세기말~7세기초	수
⑥ 7세기~9세기	당
⑦ 10세기 전반	5대 10국
⑧ 10세기 후반~13세기	송

2.

구 분	고구려	백제	신라
부자 상속	고국천왕	근초고왕	눌지마립간
율령 반포	소수림왕	고이왕	법흥왕
역사서 편찬	영양왕	근초고왕	진흥왕

3. 행정적 5부, 부자상속, 진대법
4. 전진과 친교, 불교 공인, 태학 설립, 율령 반포
5. ① 고구려 영양왕 때, ② 종이와 먹의 제조법, 호류사의 금당벽화
6. 광개토대왕
7. 의자왕
8. 동성왕(모대)
9. (동성왕) 신라와 결혼동맹, (무령왕) 22담로
10. (친선) 동진, (정복 활동) 요서, (기타) 서기
11. 익산 미륵사지 석탑, 부여 정림사지 5층 석탑
12. 겸익, 노리사치계
13. 거서간, 차차웅, 이사금, 마립간, 왕
14. (내물마립간) 전진의 왕 부견, (눌지 마립간) 나제동맹, (소지 마립간) 우역
15. ① 신라, 왕, ② 동시전, ③ 우산국, ④ 아시촌 소경
16. (고구려) 이문진, (백제) 고흥, (신라) 거칠부, (통일신라) 김대문
17. (553) 신주 설치, (554) 관산성 전투, (555) 북한산 순수비 설치, (556) 비열홀주 설치
18. 고구려, 발해
19. (고구려) 부여성~비사성, (고려) 압록강~도련포
20. 북한산비, 창녕비, 황초령비, 마운령비
21. ① 신문왕, ② 성덕왕, ③ 경덕왕
22. ① 김흠돌, ② 공장부, 예작부, ③ 서원소경, 남원소경, ④ 관료전, 녹읍, ⑤ 국학
23. (고구려) 형, 사자, (백제) 솔, 덕, (신라) 찬
24. 나말여초
25. ① 김헌창·김범문의 난, 장보고의 반란, 원종·애노의 난, 적고적의 난, ② 독서삼품과, ③ 삼대목, ④ 비로자나불, ⑤ 방어산 마애 석불, 칠불암 마애 석불, ⑥ 원원사지 3층 석탑, 진전사지 3층 석탑, ⑦ 풍수지리사상, 선종
26. ① 광개토대왕, ② 발해 무왕, ③ 발해 선왕
27. (고조선) 우거왕, (고구려) 보장왕, (백제) 의자왕, (신라) 경순왕, (발해) 대인선, (고려) 공양왕
28. ① 정사암 회의, ② 민정문서(신라장적), ③ 호구 조사, ④ 식년시

29. ① 죠몽 토기, ② 야요이 토기, ③ 스에키 토기, ④ 아스카 문화, ⑤ 하쿠호 문화, ⑥ 무로마치 미술
30. ① 준왕, ② 유리, 온조, 비류, ③ 남생, 남건, 남산, ④ 눌지 마립간, 보해(복호), ⑤ 범문, ⑥ 설총, ⑦ 신문왕, ⑧ 신검, ⑨ 의천, ⑩ 공민왕, ⑪ 봉림대군(효종), ⑫ 이윤(경종), ⑬ 최해산, ⑭ 서유구

THEME 11 관청

단답형으로 생각 키우기

1. ① 정당성(대내상), 선조성(좌상), 중대성(우상), ② 중서문하성(문하시중), 상서성(상서령)
2. ① 욕살, ② 방령, ③ 군주, 총관, 도독, ④ 시중, ⑤ 영, ⑥ 사신, ⑦ 경, ⑧ 도독, ⑨ 대내상, ⑩ 문하시중, ⑪ 안찰사, 병마사, ⑫ 교정별감, ⑬ 승상, ⑭ 판사, ⑮ 대제학, 부제학, ⑯ 대사성, ⑰ 판윤
3. (백제) 조정좌평, (통일신라) 좌우이방부, (발해) 예부, (원간섭기) 전법사
4. ① 중정대, ② 문적원, ③ 사장시
5. ① 진덕여왕 때, ② 시중(중시), ③ 무열왕 때, ④ 시랑
6. ① 백제 고이왕, ② 백제 무령왕, ③ 신라 지증왕, ④ 신라 법흥왕, ⑤ 신라 진흥왕, ⑥ 신라 진평왕, ⑦ 신라 무열왕, ⑧ 신라 선덕왕, ⑨ 신라 원성왕, ⑩ 신라 흥덕왕, ⑪ 발해 문왕, ⑫ 신라 신문왕, ⑬ 후고구려 궁예, ⑭ 고려 태조, ⑮ 고려 성종, ⑯ 고려 문종, ⑰ 고려 인종, ⑱ 고려 고종, ⑲ 고려 충선왕, ⑳ 고려 충목왕, ㉑ 고려 예종, ㉒ 고려 충렬왕, ㉓ 고려 충렬왕, ㉔ 고려 충렬왕, ㉕ 고려 숙종, ㉖ 고려 충선왕, ㉗ 고려 우왕, ㉘ 조선 세종, ㉙ 조선 세조, ㉚ 조선 중종, ㉛ 조선 선조, ㉜ 조선 철종, ㉝ 위만조선, ㉞ 신라 신문왕, ㉟ 신라 문무왕, ㊱ 고려 성종, ㊲ 신라 효소왕, ㊳ 고려 성종, ㊴ 고려 광종, ㊵ 고려 문종, ㊶ 고려 정종, ㊷ 고려 충렬왕, ㊸ 고려 공양왕, ㊹ 조선 세조, ㊺ 조선 세조, ㊻ 조선 정종, ㊼ 고려 희종, ㊽ 고려 희종
7. ① 서해도, 교주도, 양광도, ② 북계, 동계, ③ 남경, ④ 수원, 광주
8. ① 도병마사, ② 도평의사사, ③ 비변사
9. 중추원, 삼사
10. ① 사정부, 외사정, ② 중정대, ③ 어사대, ④ 감찰사, ⑤ 사헌부
11. ① 어사대, 중서문하성의 낭사, ② 사헌부, 사간원, ③ 사헌부, 사간원, ④ 사헌부, 사간원, 홍문관, ⑤ 승문원, 예문관, 성균관, 교서관
12. ① 첨의부, ② 4사, ③ 밀직사
13. 공주 명학소 → 충순현, 다인철소 → 익안현
14. ① 사림원, ② 찰리변위도감, ③ 정치도감, ④ 전민변정도감
15. (당상관) 정3품 상위(통정대부) 이상, (참상관) 정6품 이상
16. ① 의금부, ② 교서관
17. ① 중종(3포 왜란), ② 명종(을묘왜변), ③ 선조(임진왜란), ④ 정조, ⑤ 흥선대원군
18. ① 집사부, ② 중추원의 승선, ③ 승정원
19. ① 의정부, ② 사헌부, ③ 승정원, ④ 홍문관, ⑤ 이조, 호조, 예조, 병조, 형조, 공조
20. 교서관

THEME 12 왕의 업적

왕의 다른 이름

번 호	다른 이름	번 호	다른 이름
1	주몽	7	사마왕
2	사유	8	(부여)명농
3	호태왕, 담덕	9	김춘추
4	거련	10	김부
5	(부여)경	11	대조영
6	(부여)모대	12	연잉군

왕의 연관 인물

번 호	연관 인물
1	을파소
2	① 이문진, ② 온달, ③ 담징, ④ 을지문덕, ⑤ 혜자
3	노리사치계
4	① 거칠부, ② 이사부, 사다함, ③ 우륵, ④ 남모, 준정, ⑤ 혜량, ⑥ 김무력, 도도
5	자장
6	원광
7	① 윤충, ② 계백, ③ 사택지적
8	알천
9	① 김인문, ② 의상, ③ 강수
10	① 김흠돌, ② 김흠운, ③ 설총
11	① 대공, ② 김지정
12	장보고
13	① 위홍, 대구화상, ② 원종, 애노, ③ 최치원
14	① 경애왕, ② 최승우, ③ 신검
15	① 대광현, ② 최언위(최신지, 최인연)
16	① 쌍기, ② 균여, ③ 제관, ④ 의통
17	① 최승로, ② 서희
18	① 강감찬, ② 헌정왕후
19	최충
20	① 의천, ② 윤관, ③ 김위제
21	① 척준경, ② 정지상, ③ 서긍
22	① 이의방, 정중부, 경대승, 이의민, 최충헌, ② 김보당의 난, ③ 조위총, ④ 망이·망소이의 난, ⑤ 김사미·효심의 난
23	① 최우, 최항, 최의, ② 이규보, ③ 박서, ④ 김윤후
24	① 제국대장공주, ② 안향, ③ 박유
25	① 노국대장공주, ② 신돈, ③ 보우, ④ 이색, ⑤ 유인우, ⑥ 이제현, ⑦ 문익점
26	① 정도전, ② 조준
27	① (1) 정몽주, (2) 정도전, (3) 박포, ② 이회, 이무, 김사형
28	① 황희, 맹사성, ② 박연, ③ 이종무, ④ 장영실, ⑤ 변효문, 정초, ⑥ 안견, ⑦ 최윤덕, 김종서
29	이시애의 난
30	① 서거정, ② 신숙주, ③ 강희맹
31	① 김일손, ② 임사홍, 폐비 윤씨, ③ 홍길동

합격을 위한 암기강화 프로젝트

32	① 조광조, ② 주세붕, ③ 조식
33	① 윤원형, 윤임, ② 문정대비, 보우, ③ 임꺽정, ④ 이이
34	① 유성룡, ② 정철, ③ 정여립, ④ 정발, 송상현, 신립, 이순신, 김시민, 권율, 원균
35	① 강홍립, ② 허균, ③ 허준, ④ 한백겸, ⑤ 이수광
36	① 이괄, ② 정봉수, ③ 김상헌, 3학사(홍익한, 윤집, 오달제), ④ 최명길, ⑤ 임경업
37	자의대비 조씨(조대비)
38	① 윤휴, 허적, ② 박세채, ③ 허적, 장희빈, 송시열, 인현왕후, ④ 안용복, ⑤ 홍만선, ⑥ 박세당
39	① 이인좌의 난, ② 이중환, ③ 정선
40	① 정약용, ② 유득공, 이덕무, 박제가, 서이수, ③ 사도세자, ④ 혜경궁 홍씨, ⑤ 홍봉한, ⑥ 이승훈, ⑦ 윤지충, ⑧ 박지원, ⑨ 서호수
41	① 이승훈·이가환 처형, 정약용·정약전 유배, 황사영 백서, ② 홍경래의 난, ③ 서유구, ④ 정약용
42	① 백낙신, 유계춘, ② 김정호, ③ 최제우

🔑 왕의 업적(사건별)

번호	왕(시기)	번호	왕(시기)
1	조선 태종(15C)	29	중종(16C)
2	소수림왕(4C)	30	정종(고려 초기)
3	문주왕(5C)	31	인종(고려 중기)
4	법흥왕(6C)	32	진흥왕(6C)
5	충선왕(원간섭기)	33	태조(고려 초기)
6	공민왕(고려 말기)	34	세종(15C)
7	신문왕(7C)	35	법흥왕(6C)
8	성왕(6C)	36	신문왕(7C)
9	정조(18C)	37	태종(15C)
10	미천왕(4C)	38	영조(18C)
11	혜공왕(8C)	39	원성왕(8C)
12	진성여왕(9C)	40	중종(16C)
13	영조(18C)	41	성왕(6C)
14	광해군(17C)	42	근초고왕(4C)
15	무열왕(7C)	43	문왕(8C)
16	영조(18C)	44	명종(16C)
17	무왕(8C)	45	목종(11C)
18	예종(고려 중기)	46	철종(19C)
19	고종(무신집권기)	47	신종(12C 말)
20	광개토대왕(4C 말~5C 초)	48	정조(18C)
21	소지왕(5C)	49	태조(고려 초기)
22	혜공왕(8C)	50	신문왕(7C)
23	광개토대왕	51	경덕왕(8C)
24	법흥왕(6C)	52	성종(15C)
25	고이왕(3C)	53	진성여왕(9C)
26	견훤(10C 초)	54	정조(18C)
27	진흥왕(6C)	55	영양왕(7C)
28	선왕(9C)	56	선덕여왕(7C)

57	아신왕(4C 말~5C 초)	104	경덕왕(8C)
58	헌덕왕(9C)	105	고려 예종(12C)
59	선왕(9C)	106	세종(15C)
60	광종(고려 초기)	107	궁예(10C 초)
61	숙종(17C 말)	108	성종(15C)
62	인종(고려 중기)	109	정종(고려 초기)
63	명종(무신집권기)	110	문종(고려 중기)
64	인조(17C)	111	장수왕(5C)
65	광해군(17C)	112	현종(고려 초기)
66	광종(고려 초기)	113	인종(고려 중기)
67	충목왕(원간섭기)	114	영조(18C)
68	공민왕(고려 말기)	115	태종(15C)
69	성종(고려 초기)	116	순조(19C)
70	효종(17C)	117	철종(19C)
71	숙종(18C)	118	신문왕(7C)
72	문종(고려 중기)	119	선조(16C)
73	숙종(고려 중기)	120	선덕여왕(7C)
74	충렬왕(원간섭기)	121	진덕여왕(7C)
75	지증왕(6C)	122	광종(10C)
76	세종(15C)	123	정조(18C)
77	공민왕(고려 말기)	124	세종(15C)
78	성종(고려 초기)	125	태조(고려 초기)
79	목종(고려 초기)	126	무왕(7C)
80	지증왕(6C)	127	숙종(고려 중기)
81	명종(12C)	128	중종(16C)
82	근초고왕(4C)	129	성종(15C)
83	현종(고려 초기)	130	현종(고려 초기)
84	영조(18C)	131	현종(고려 초기)
85	태종(15C)	132	고이왕(3C)
86	인조(17C)	133	근초고왕(4C)
87	충숙왕(원간섭기)	134	고국천왕(2C)
88	개로왕(5C)	135	내물마립간(4C)
89	명종(16C)	136	광종(고려 초기)
90	광종(고려 초기)	137	성종(고려 초기)
91	태종(15C)	138	공민왕(고려 말기)
92	철종(19C)	139	문무왕(7C)
93	내물왕(4C)	140	숙종(17C)
94	중종(16C)	141	숙종(17C)
95	태조(14C 말)	142	경덕왕(8C)
96	세조(15C)	143	효종(17C)
97	무령왕(6C)	144	성왕(6C)
98	눌지왕(5C)	145	원종(고려 원간섭기)
99	영조(18C)	146	문왕(8C)
100	선조(16C)	147	예종(고려 중기)
101	성종(15C)	148	현종(고려 초기)
102	세종(15C)	149	숙종(17C)
103	연산군(조선 전기)	150	현종(고려 초기)

151	숙종(17C)	160	중종(16C)
152	효공왕(10C)	161	충선왕(고려 원간섭기)
153	진성여왕(9C)	162	정종(15C)
154	문왕(8C)	163	숙종(고려 중기)
155	신문왕(7C)	164	성종(고려 초기)
156	성덕왕(8C)	165	신문왕(7C)
157	예종(고려 중기)	166	정조(18C)
158	숙종(고려 중기)	167	세조(15C)
159	성종(고려 초기)	168	광개토대왕(4C 말)

THEME 13 연호

● 단답형으로 생각 키우기

1. 영락
2. 건원
3. 진흥왕
4. 인평
5. 문왕
6. 무태, 성책, 수덕만세, 정개
7. 천수
8. 광종
9. 천개
10. 공민왕
11. 건양
12. 개국기년
13. 광무

THEME 14 학교와 교육 제도

● 시대별 교육기관 및 교육제도

번호	교육기관 및 교육제도	번호	교육기관 및 교육제도
1	경당	12	향교
2	국학	13	서원
3	주자감	14	초계문신제도
4	예부	15	원산학사
5	국자학, 태학, 사문학	16	육영공원
6	3~6년	17	학무아문 → 학부
7	공민왕	18	서전서숙
8	통문관	19	민립대학설립운동
9	태의감	20	국민학교
10	섬학전	21	학도지원병제
11	서당		

단답형으로 생각 키우기

1. 태학
2. 논어, 효경
3. 독서삼품과
4. 주자감
5. 경학박사, 의학박사
6. 9경 3사
7. 예종
8. (유학부) 국자학, 태학, 사문학, (기술학부) 율학, 서학, 산학
9. 인종
10. ① 개경, 서경, ② 개경, 서경, 12목, ③ 서경, ④ 개경, ⑤ 개경과 서경, ⑥ 연경
11. ① 서적포 설치, ② 7재 설치, 청연각·보문각 설치, 양현고 설치, ③ 경사 6학 정비, 향학 증설
12. ① 성종, ② 충렬왕, ③ 충렬왕, ④ 공민왕
13. 경사교수도감
14. 충렬왕
15. 시강원
16. 동부, 서부, 남부, 중부 학당
17. 초계문신제도
18. (원칙) 생원·진사, (예외) 4부학당·향교출신
19. 교육입국조서
20. 1895년(교육입국조서 반포 직후)
21. 대한제국
22. 순성여학교, 1898년
23. 좌원, 우원
24. 개신교 선교사들(배재학당: 아펜젤러, 숭실학교: 베어드, 경신학교: 언더우드, 정신여학교: 엘레스), [참고] 1880년대
25. 을사조약 이후
26. ① 대성학교, ② 오산학교
27. 황푸군관학교, [참고] 조선혁명간부학교
28. 조선여자교육회
29. 학부대신
30. 미군정기
31. 1950년대(이승만 정부)
32. 1960년대
33. 1970년대
34. 1980년대
35. 1994년
36. 1968년

단답형으로 생각 키우기

1. 태학

THEME 15 과거

단답형으로 생각 키우기

1. 광종
2. 제1차 갑오개혁(1894년)
3. 이익
4. 무과
5. 초시
6. 진사시
7. 백패, 홍패
8. 소과, 잡과
9. 탐관오리의 아들, 재가한 여자의 아들과 손자, 서얼

'과거' 괄호 넣기 연습(심화)

1. 사역원, 전의감, 관상감, 형조
2. 초시, 복시, 진사시, 생원시
3. 33, 전시, 종6
4. 증광시, 알성시

THEME 16 군사 조직

시대별 군사조직

번호	군사 조직	번호	군사 조직
1	나당연합군	18	내삼청
2	9서당	19	잡색군
3	10정	20	영진군/익군
4	패강진	21	훈련도감
5	혈구진	22	총융청
6	10위	23	어영청
7	2군	24	금위영
8	좌우위, 신호위, 흥위위	25	속오군
9	금오위	26	장용영
10	천우위	27	삼군부
11	감문위	28	친위대(중앙군), 진위대(지방군)
12	주진군	29	원수부
13	광군	30	무위영, 장어영
14	별무반	31	대한독립군
15	연호군	32	의민단
16	삼별초	33	대한독립군단
17	5위	34	조선의용대

단답형으로 생각 키우기

1. (거란) 광군, 정종, (여진) 별무반, 숙종, (왜구) 연호군, 우왕
2. 별무반(신기군, 신보군, 항마군), 삼별초(좌별초, 우별초, 신의군)
3. 삼별초
4. 중방
5. 1,000명
6. 정군, 갑사, 특수병
7. 서리, 잡학인, 신량역천인, 노비
8. 영진군·익군 체제 – 진관체제 – 제승방략체제 – 속오군 체제
9. 훈련도감, 속오군 체제, 대공수미법

THEME 17 화폐

단답형으로 생각 키우기

1. 반량
2. 명도전, 반량전, 오수전
3. ① 고주법, ② 주전도감
4. 은병(활구)
5. 곡식, 삼베
6. 삼사
7. 쌀, 옷감(면포, 마포) / [참고1] 16, [참고2] 포화(布貨)
8. ① 이익, ② 박지원, 박제가
9. 신용화폐
10. 당백전
11. 개항장에서 일본 화폐 사용 가능
12. 민씨 정권
13. 전환국, 은화·백동화·적동화·황동화
14. (은본위) 제1차 갑오개혁, (금본위) 대한제국
15. ① 백동화, ② 제일은행권, ③ 제일은행
16. 상품화폐경제
17. 엽전
18. 은, 은
19. 상평통보
20. ① 건원중보, ② 해동통보·중보, 삼한통보, 활구(은병), ③ 저화, ④ 저화, ⑤ 조선통보, ⑥ 팔방통보(전폐), ⑦ 상평통보 처음 주조, ⑧ 상평통보 법화로 채택, ⑨ 당백전, ⑩ 대동폐, ⑪ 당오전, ⑫ 백동화

THEME 18 토지제도와 수취제도

🔑 '토지 / 수취제도' 기출문장 괄호 넣기 연습

1	역분전, 역분전
2	전시과, 전시과
3	의창
4	문종
5	신진사대부
6	선혜청
7	영정법
8	경정전시과
9	대동법
10	녹과전
11	경정전시과
12	한인전, 공해전
13	16(세)

🔑 단답형으로 생각 키우기

1. ① 공음전, 군인전, 외역전, ② 공신전, 수신전, 휼양전
2. 역분전
3. 시정 전시과
4. ① 개정 전시과, ② 경정 전시과
5. ① 개정 전시과, ② 경정 전시과
6. ① 개정 전시과, ② 경정 전시과
7. 경정 전시과
8. 한인전
9. 과전법
10. 150결, 10결
11. 과전
12. ① 과전법, ② 직전법, ③ 관수관급제, ④ 직전법 폐지
13. 정전 지급, 관수관급제, 직전법 폐지
14. ① 일제강점기(1933), ② 일본 도다이사 쇼소인, ③ 서원경 부근 4개 자연 촌락, ④ 3년, ⑤ 촌주, ⑥ 9(등급), ⑦ 6(등급), ⑧ 연수유답, ⑨ 공동경작
15. ① 호부, 삼사, ② 3(등급), ③ 1/4, 1/10
16. ① 30, ② 20~4, ③ 4
17. ① 2.2두, ② 12두, ③ 2두
18. 지주, 공인
19. 제주도, 평안도, 함경도
20. ① 대동법, ② 균역법의 결작
21. 선혜청
22. 결작, 선무군관포, 어장세, 염세, 선박세

THEME 19 후삼국 시대

● '후삼국 시대' 기출문장 괄호 넣기 연습

1. 견훤, 왕건, 최승우
2. 선종
3. 마진, 무태, 철원
4. 식읍
5. 완산주, 송악
6. 후당, 오월
7. 나주
8. 경애왕
9. 지역 감정, 종교
10. 태봉
11. 상주, 아자개
12. 무진주, 양길, 양길
13. 헌안왕, 헌안왕
14. 세달사, 선종
15. 선종, 기훤
16. 양길, 양길

● 단답형으로 생각 키우기

1. 후당, 오월, 거란, 왜
2. 후고구려 → 마진 → 철원 천도 → 태봉
3. 공산전투, 고창전투, 일리천전투
4. ① 한(무제)
   ② 고구려(태조왕)
   ③ 고구려(광개토대왕)
   ④ 고구려(문자왕)
   ⑤ 백제(근초고왕)
   ⑥ 고구려(미천왕)
   ⑦ 신라(법흥왕)
   ⑧ 신라(진흥왕)
   ⑨ 고려(왕건)
   ⑩ 거란(야율아보기)

THEME 20 고려와 조선의 대외관계

● 조선 대외관계의 구조

조선 후기	중립외교 (광해군)	친명배금 (인조)	북벌 (효종, 숙종)	북학 (영조, 정조)
	북인	서인	서인, 남인	(북학파)

조선과 러시아의 관계

구분	원인(배경)	시작	끝	강화조약	결과
청일전쟁	동학 1차 봉기 (1894)	아산만 풍도해전	(평양 전투)	시모노세키 조약	삼국간섭 (1895)
러일전쟁	용암포 조차 요구 (1903)	뤼순항 공격, 제물포 공격 (1904. 2)	봉천 전투	포츠머스 강화조약	을사조약 (1905)

단답형으로 생각 키우기

1. ① 가마쿠라 막부, ② 무로마치 막부, ③ 도쿠가와(에도) 막부
2. (고려) 5대 10국, 송, 요, 금, 원, (조선) 명, 후금, 청
3. ① 대동강~원산만, ② (남) 대동강~원산만, (동) 아무르강, (북) 흑룡강~송화강, (서) 요동, ③ 청천강~영흥만, ④ 압록강, ⑤ 압록강~도련포, ⑥ 압록강 중류~함남 지방, ⑦ 압록강~두만강
4. ① 소손녕, 거란 성종, 소배압, ② 살리타, 살리타
5. ① 창왕-박위, ② 세종-이종무

THEME 21 고려의 여러 사건

단답형으로 생각 키우기

1. ① 사심관, 기인, ② 노비안검법, ③ 향리
2. ① 외관, ② 거란, ③ 연등회, 팔관회, ④ 불교, 유교
3. 최충헌, 최우, 최항, 최의
4. ① 1391년, ② 1232년, 1270년, ③ 1380년, ④ 1391년, ⑤ 1231년, ⑥ 1388년, ⑦ 1270~1273년, ⑧ 1173년, ⑨ 1129년, ⑩ 1377년
5. 남반
6. 불교와 도교의 풍속
7. (고려) 사천대(서운관), (조선) 관상감
8. ① 은력, ② 당의 선명력, ③ 원의 수시력, ④ 명의 대통력, ⑤ 칠정산 내편과 외편, ⑥ 청의 시헌력
9. ① 봉정사, 무량수전, ② 성불사
10. ① 전남 강진, 전북 부안, 강화도, ② 경기도 광주·여주 일대(특히, 사옹원 광주 분원)
11. ① 청산별곡, 가시리, 쌍화점, ② 한림별곡, 죽계별곡, 관동별곡, ③ 동동, 대동강, 오관산
12. 향도
13. ① 고려 시대, ② 조선 전기
14. ① 문익점, ② 정천익, ③ 조선 전기
15. (소수공업) 금, 은, 철, 구리, 실, 각종 옷감, 종이, 먹, 차, 생강, (사원수공업) 베, 모시, 기와, 술, 소금
16. 보현십원가
17. 이령의 예성강도, 공민왕의 천산대렵도, 혜허의 관음보살도(양류관음도, 수월관음도)
18. (최충헌) 교정도감, 도방, (최우) 정방, 서방, 삼별초
19. (1376) 홍산, (1377) 화통도감, 직지심체요절, (1380) 황산, (1388) 위화도, (1389) 쓰시마, (1391) 과전법, (1394) 한양
20. ① 국내성, ② 익산, ④ 동경, ⑤ 강화도

THEME 22 조선의 여러 사건

단답형으로 생각 키우기

01. (의정부서사제) 세종, (6조직계제) 태종, 세조
02. ① 향촌사회 이탈 방지(백성들의 유망 근절), ② 태종, ③ 오가작통법
03. (태종) 계미자, (세종) 갑인자
04. 정몽주-길재-김숙자-김종직-김굉필-조광조
05. (훈구파) 주례, (사림파) 춘추
06. ① 조의제문, ② 김일손, ③ 연산군, ④ 중종, ⑤ 윤임
07. ① 완론탕평, ② 탕평비, ③ 탕평교서, ④ 준론탕평
08. ① 균역법, ② 노비종모법 확정, ③ 수성윤음, ④ 동국문헌비고
09. ① 은결·도결, ② 족징·인징·백골징포·황구첨정, ③ 늑대·허류
10. 광해군의 중립외교, 광해군의 폐모살제, 광해군의 무리한 토목 사업
11. 의창 → 상평창
12. 제생원
13. 대부분 대명률
14. ① 약정, 직월, ② 좌수, 별감
15. (15세기) 양천제, (16세기) 반상제
16. ① 백운동 서원, ② 소수 서원
17. ② 대동법, ③ 기유약조
18. ① 공장안, ② 관장
19. 신해통공
20. ① 15세기 후반, ② 16세기, ③ 18세기 중엽
21. 강경포(은진), 원산포
22. 미곡·소금·어물 / 운송 장악(운수업) / 조선업 진출
23. 객주, 여각
24. ① 관허, ② 혜상공국, ③ 황국협회, ④ 상무사
25. 시전 감독, 도량형 검사, 물가 조절
26. 조식
27. 윤휴
28. 심즉리, 치양지, 현실과 실리 중시
29. ① 강화학파, ② 이광사, ③ 연려실기술
30. 한전론
31. 유형원
32. 여전론 → 정전론
33. ① 정약용, 박제가, ② 지석영
34. ① 천주실의, ② 곤여만국전도
35. ① 동국지도, ② 세조, ③ 정상기
36. 법주사 팔상전, 금산사 미륵전, 화엄사 각황전
37. ① 김홍도, ② 신윤복, ③ 강세황, ④ 정선, ⑤ 강희안, ⑥ 이상좌, ⑦ 이정
38. ① 북한산 순수비, ② 금석과안록, ③ 세한도

39. ① 악학궤범, ② 동국통감, ③ 동국여지승람, ④ 국조오례의, ⑤ 경국대전, ⑥ 금양잡록, ⑦ 동문선, ⑧ 필원잡기, ⑨ 해동제국기
40. ① 주몽(동명왕), ② 설총, ③ 원효, ④ 의상, ⑤ 김대문, ⑥ 궁예, ⑦ 견훤, ⑧ 왕건, ⑨ 쌍기, ⑩ 이의민, ⑪ 박제가, ⑫ 최제우, ⑬ 신숙주, ⑭ 장영실, ⑮ 이상좌, ⑯ 오경석, ⑰ 신돌석

THEME 23 조선 후기

단답형으로 생각 키우기

1. (조선 전기) 재지사족, (조선 후기) 부농층
2. 향약, 동약
3. 동족, 문중
4. ① 광작, 견종법, 도조법, 경제적 관계, ② 설점수세제, 덕대제 광업, ③ 공장안 폐지, 선대제 수공업
5. 호박, 감자, 담배, 고추, 고구마, 토마토
6. 종루, 칠패, 배오개(이현), 송파
7. ① 훈련도감, 총융청, 수어청, 어영청, 금위영, ② 속오군 체제
8. 전황
9. 향전
10. 정감록
11. 사설시조
12. 실학의 유행
13. ① 판소리, 산대놀이, ② 한글소설, 사설시조, ③ 민화, 풍속화, ④ 청화백자, 옹기
14. ① 규사(이진택), ② 연조귀감(이진흥), ③ 소대풍요, 풍요삼선

THEME 24 저술과 저자

단답형으로 생각 키우기

1. ① 서긍, ② 인종 때
2. 일연
3. 농사직설(정초, 변효문), 양화소록(강희안), 금양잡록(강희맹)
4. 동국병감
5. 성호사설, 이익
6. 이륜행실도, 조신, 중종 때
7. 성학십도, 주자서절요, 전습록논변
8. ② 초조대장경, ③ 상정고금예문, ④ 신품4현
9. ① 농상집요, ② 농사직설
10. ① 파한집, ② 보한집, ③ 동국이상국집, ④ 역옹패설
11. 해동고승전(각훈), 동명왕편(이규보)
12. 삼화자향약방
13. ① 홍재전서, ② 동문휘고, ③ 고금도서집성, ④ 대전통편, ⑤ 무예도보통지, ⑥ 청장관전서, ⑦ 발해고

14. ① 오주연문장전산고, ② 명남루총서, ③ 청장관전서, ④ 지봉유설
15. 국조오례의
16. 동국지리지(한백겸), 아방강역고(정약용)
17. 세종실록지리지
18. ① 경제육전, ② 속육전, ③ 육전등록
19. ① 경국대전, ② 속대전, ③ 대전통편
20. 동의보감
21. ① 향약구급방, ⑤ 향약집성방, ⑥ 의방유취, ⑨ 마과회통, ⑩ 동의수세보원
22. ① 윤선도, ② 병자호란 직후, ③ 남인
23. ① 대승기신론소, 십문화쟁론, 금강삼매경론, ② 화엄일승법계도, ③ 해심밀경소, ⑤ 천태사교의, ⑥ 보현십원가, ⑦ 신편제종교장총록, ⑧ 권수정혜결사문, 목우자수심결
24. ① 박지원, ② 유수원, ③ 유형원, ④ 이익, ⑤ 윤휴, ⑥ 홍대용, ⑦ 정약용, ⑧ 정약용, ⑨ 홍대용, ⑩ 이제마, ⑪ 홍만선, ⑫ 정약전, ⑬ 서호수, ⑭ 한치윤, ⑮ 신숙주, ⑯ 정제두, ⑰ 신속, ⑱ 서유구, ⑲ 서거정, ⑳ 홍대용
25. ① 박은식, ② 신채호, ③ 문일평, ④ 정인보, ⑤ 안재홍, ⑥ 백남운, ⑦ 손진태

THEME 25 역사 속의 반란

역사 속 반란

발생연도	왕	반란 명칭	내용
681		김흠돌의 반란	
683	신문왕		
768	혜공왕		
780	혜공왕	(김지정)의 반란	
822, 825	헌덕왕		(무열계)의 반발 → (무열계)의 몰락
846	문성왕		
889	진성여왕		
896		(적고적)의 반란	
943	혜종	왕규의 난	
1009	목종	(강조)의 정변	
1126			문벌귀족과 (측근세력)의 대립
1173		김보당의 난	
1174	명종		
1174	명종		
1176	명종	망이·망소이의 난	
1182	명종		
1193	명종		
1198		만적의 난	
1217			(고구려) 부흥 운동
1237		이연년의 난	
1363		(흥왕사)의 변	(김용)의 군공 시기
1453	단종		
1467	세조		결과: (유향소) 폐지
1500		홍길동	(서얼) 출신 도둑
1559		임꺽정의 난	(백정) 출신 도둑 → (남치근)이 진압

1589	선조		
1596	선조	이몽학의 난	
1624	인조		
?		장길산의 난	(광대) 출신 도둑 → (신엽)이 진압 시도
1728		이인좌의 난	
1811		홍경래의 난	
1862	철종		

단답형으로 생각 키우기

1. ① 정지상, ② 대화궁, ③ 대위, ④ 천개, ⑤ 조선역사일천년래제일대사건
2. ①~⑤ 이자겸의 난
3. ① 김보당, 조위총, ② 망이·망소이, 김사미·효심, 만적, ③ 최광수
4. (원인) 삼정의 문란(늑대, 도결, 총액제), (결과) 삼정이정청 설치

THEME 26 성리학과 붕당 정치

붕당 이름 넣기 연습

1	동인, 서인	17	남인, 서인
2	동인, 동인	18	노론, 남인
3	서인	19	소론, 노론
4	동인, 서인	20	남인, 소론
5	남인, 북인	21	북인, 서인
6	남인, 북인	22	서인, 남인
7	북인	23	서인
8	소북, 대북	24	노론
9	북인, 서인	25	소론
10	서인, 남인	26	남인
11	서인, 남인	27	노론, 소론, 남인, 북인
12	서인, 남인, 서인, 남인	28	남인
13	서인, 남인	29	노론
14	서인, 남인	30	소론
15	서인, 남인, 서인, 노론, 소론	31	서인, 남인
16	노론, 소론	32	시파, 벽파

단답형으로 생각 키우기

1. 정여립 모반 사건, 정철의 건저의 문제, 정철의 처벌 수준 문제
2. 정철 유배(1591), 갑인 예송(1674), 기사 환국(1689)
3. 붕당 정치 초기(16세기 후반)
4. ① 북벌, 위정척사, ② 북학, 개화
5. ① 4단7정 논쟁
   ② 동인과 서인으로 분리(붕당 정치 시작)
   ③ 성리학의 절대화와 상대화
   ④ 예송 논쟁
   ⑤ 서인의 분당(노론과 소론)

⑥ 기사환국 및 갑술환국
⑦ 호락 논쟁

THEME 27 의병과 항일의병

🔑 단답형으로 생각 키우기

1. ① 정발·송상현·신립, ② 이순신(옥, 사, 한), ③ 김시민, ⑤ 권율(행주), ⑥ 원균(칠천량), ⑦ 이순신(명량+직산, 노량)
2. ① 한산도 대첩(이순신), 진주대첩(김시민), 행주대첩(권율), ② 사천해전, ③ 명량대첩, 노량해전
3. ① 곽재우, ② 정인홍, ③ 조헌, ④ 김천일, ⑤ 고경명
4. ① 친명배금, ② 이괄, ③ 모문룡
5. ① 정봉수, ② 김상헌, 홍익한, 윤집, 오달제, ③ 최명길, ④ 임경업
6. 요동 정벌, 여진족 포로 송환 문제, 종계변무 문제
7. (강경책) 4군 6진 개척, (회유책) 무역소, 북평관, 귀순 장려, 토관 제도
8. ① 세종, 50척, ② 중종, 100섬, ③ 20척
9. ① 을미사변, 단발령, ② 위정척사 사상을 가진 유생+동학 잔여세력, ③ 유인석(제천), 이소응(춘천), 허위
10. ① 을사조약, ② 신돌석(울진, 평해, 영해), 민종식(홍주성), 최익현·임병찬(태인, 순창)
11. ① 고종퇴위, 군대해산, ② 이인영, 허위, 홍범도, 김수민, 안규홍
12. ① 민영환, 조병세, 송병찬, 이한응, ② 박승환, ③ 황현

THEME 28 오랑캐

🔑 우리 역사 속에서의 흉노, 선비족, 돌궐

1	흉노
2	선비족
3	선비족
4	후연
5	돌궐
6	돌궐

🔑 우리 역사 속에서의 거란족

1	요	9	소배압
2	야율아보기	10	균형
3	거란도	11	초조대장경
4	견훤	12	개경
5	만부교 사건	13	송, 요, 일본
6	광군	14	강동성
7	소손녕, 서희	15	거란
8	강조		

우리 역사 속에서의 여진족

1	숙신	11	4군 6진
2	말갈	12	무역소, 북평관
3	장문휴	13	여진족, 왜구
4	선왕	14	니탕개
5	9서당	15	누르하치
6	별무반	16	후금
7	동북 9성, 동북 9성	17	형제
8	아골타(아구타)	18	청
9	군신	19	군신
10	금국정벌론		

THEME 29 역사서의 역사

역사서 13 포인트

번 호	숙지해야 할 내용
1	동명왕편, 제왕운기
2	삼국유사, 제왕운기, 응제시주, 세종실록지리지, 동국여지승람
3	사략
4	동국사략
5	삼국사절요
6	고려사
7	동국통감
8	삼국사절요, 고려사절요, 동국통감
9	동국사략
10	동몽선습, 기자지, 동사찬요
11	고려사 → 여사제강, 동국통감 → 동국통감제강
12	동사강목, 동사
13	발해고

단답형으로 생각 키우기

1. 반도사관, 만선사관, 임나일본부설
2. 백남운
3. ~실록, ~절요, ~사략, ~통사·통재·통감
4. 연려실기술
5. 이문진의 '신집 5권'
6. ① 삼국사기, ② 동명왕편, 해동고승전, ③ 삼국유사, 제왕운기
7. ① 이승휴, ② 민족적 자주, ③ 단군, ④ 단군, ⑤ 단군, ⑥ 중국, ⑦ 중국
8. 김부식의 '삼국사기'
9. ① 삼국사기, ② 동명왕편, 해동고승전, 삼국유사, 제왕운기, ③ 삼국유사, ④ 사략, 본조편년강목, 고금록, 천추금경록, 고려국사
10. 일연의 '삼국유사'
11. ① 춘추관, 전주, 충주, 성주, ② 정족산, 태백산, 오대산, 춘추관, 적상산

12. 사관이 기록한 사초, 춘추관에서 만든 시정기
13. ① 세종, 정인지, 김종서, ② 문종, ③ 고려국사, ④ 세가, ⑤ 고려사절요, ⑥ 열전, ⑦ 신우, 신창, ⑧ 세종(세종장헌대왕), ⑨ 세가, ⑩ 신우, ⑪ 신창, ⑫ 열전
14. 동국통감
15. 동국통감
16. 오운의 '동사찬요'
17. 한치윤의 '해동역사'
18. 허목의 '동사'
19. 유계의 '여사제강'
20. 안정복의 '동사강목'
21. 이종휘의 '동사', 유득공의 '발해고'
22. 이긍익의 '연려실기술'
23. 이승휴의 '제왕운기', 유득공의 '발해고', 안정복의 '동사강목', 한치윤의 '해동역사'
24. ① 동국통감제강, ② 여사제강, ③ 동사회강, ④ 동국역대총목, ⑥ 동사강목, ⑦ 동사

THEME 30 흥선대원군

단답형으로 생각 키우기

1. ① 이하응, ② 1863~73년, 1882년, 1894년, ③ 은결 색출, 토지겸병 금지, ④ 호포제, ⑤ 사창제, ⑥ 비변사, ⑦ 육전조례, 대전회통, ⑧ 당백전, ⑨ 만동묘, ⑩ 남연군(충남 덕산), ⑪ 갑신정변

2.
1864	최제우 처형
1865	대전회통 편찬, 비변사 폐지, 경복궁 중건 시작, 만동묘 철폐
1866	당백전 발행, 병인박해, 제너럴셔먼호 사건, 병인양요
1867	육전조례 편찬, 사창제 실시
1868	오페르트 도굴사건

3. ① 로즈 제독, ② 한성근·양헌수, ③ 외규장각 도서
4. ① 로저스 제독, ② 어재연, ③ 수자기
5. ① 병인년(1866), ② 신미년(1871), ③ 임오군란(1882)
6. 박규수, 오경석, 유홍기(유대치), 이동인
7. 영환지략, 해국도지
8. 임술농민봉기 안핵사(1862), 제너럴셔먼호 화공 격퇴(1866), 강화도 조약 체결 주도(1876)

THEME 31 개화기 관청 / 기구

단답형으로 생각 키우기

1. 사대사, 교린사, 군무사, 변정사, 통상사, 기계사, 선박사, 군물사, 기연사, 어학사, 전선사, 이용사
2. ① 통리기무아문, ② 기무처(통리아문)
3. 1881, 1882, 1883
4. ① 김홍집, ② 박정양

THEME 32 근대 개혁안과 조약

주요 개혁안 구분 연습

번 호	개혁안, 조약 등	번 호	개혁안, 조약 등
1	제1차 갑오개혁(1894)	20	독립협회 헌의6조(1898)
2	갑신정변(1884)	21	갑신정변(1884)
3	조선책략(1880)	22	강화도 조약(1876)
4	영남 만인소(1881)	23	대한제국 대한국 국제(1899)
5	강화도 조약(1876)	24	조·일 통상 장정(1883)
6	동학 농민 운동(1894), 갑오개혁(1894)	25	갑신정변(1884)
7	조·청 상민 수륙 무역 장정(1882)	26	동학 농민 운동(1894)
8	조·미 수호 통상 조약(1882)	27	강화도 조약(1876)
9	청, 제2차 갑오개혁(1894)	28	제1차 갑오개혁(1894)
10	독립협회 헌의6조(1898)	29	독립협회 헌의6조(1898)
11	갑신정변(1884)	30	동학 농민 운동(1894)
12	조·일 수호 조규 부록(1876)	31	강화도 조약(1876)
13	조·영 수호 통상 조약(1882)	32	갑신정변(1884)
14	지조법, 갑신정변(1884)	33	동학 농민 운동(1894)
15	조·미 수호 통상 조약(1882)	34	갑신정변(1884)
16	동학 농민 운동(1894), 갑오개혁(1894)	35	척화주전론(1866)
17	제물포 조약(1882)	36	만언척사소(1881)
18	갑신정변(1884)	37	한성조약(1884)
19	조·일 수호 조규 속약(1882)		

단답형으로 생각 키우기

1. ① 통상개화파의 대두, 민씨 정권 수립, 운요호 사건, 서계 문제, ② (제1조) 조선은 자주의 나라이다. (제7조) 일본국의 항해자가 자유로이 연안을 측량함을 허가한다(해안 측량권). (제10조) 일본국 관리가 심의한다(치외법권).

2. 강화도 조약(1876), 조일수호조규부록(1876), 조일무역규칙(1876), 제물포 조약(1882), 조일수호조규속약(1882), 조일통상장정(1883), 한성조약(1885)

3. ① 제너럴셔먼호 사건(1866), 강화도 조약(1876), 조선책략(1880), ② (제1조) 제3국이 어렵게 하면 거중조정한다. (제4조) 미합중국의 영사 등 관리가 체포하고 처형한다(치외법권). (제5조) 관세를 지불한다. (제14조) 균점된다(최혜국 대우).

4. 내륙통상권, 양화진에 점포 개설, 조선은 청의 속방, 치외법권

5. ① 김기수(수신사 일기, 일동기유), ② 김홍집(조선책략)

6. ① 조사시찰단, ② 군국기무처, ③ 관민공동회

7. 1차(김기수)·2차(김홍집)·3차(박영효) 수신사, 조사시찰단(어윤중), 영선사(김윤식), 보빙사(민영익)

8. ① 기정진, ② 이항로, ③ 최익현, ④ 김기수, ⑤ 박영효

9. ① 최익현, ② 이만손, ③ 홍재학

10. ① 영남만인소, ② 영선사, ③ 2영, ④ 별기군, ⑤ 조사시찰단

11. 박문국, 전환국, 기기창

12. ① 유길준, ② 한성, ③ 톈진, ④ 거문도, ⑤ 광혜원

13. ① 벨테브레이, ② 슈펠트, ③ 이홍장, ④ 황쭌셴, ⑤ 묄렌도르프, ⑥ 위안스카이, ⑦ 헐버트, ⑧ 알렌, ⑨ 부들러(독일 부영사), ⑩ 다케소에, ⑪ 이토 히로부미, ⑫ 데라우치, ⑬ 베델

14. (온건개화파) 김윤식, 김홍집, 어윤중, (급진개화파) 김옥균, 박영효, 홍영식

15. (1860년대) 이항로, 기정진, 통상 (1870년대) 최익현, 개항 (1880년대) 이만손, 개화
16. ① 중국, ② 일본, ③ 미국, ④ 러시아
17. 통리기무아문, 12사
18. 임오군란
19. ① 조일통상장정(1883), ② 황해도·함경도(1889~1890), ③ 제1차 갑오개혁
20. ① 흥선대원군, ② 문벌, ③ 지조법, ⑦ 규장각, ⑨ 혜상공국, ⑫ 호조, ⑬ 의정부
21. ① 최제우, 최시형, 손병희, ② 용담유사, ③ 동경대전, ④ 반봉건, 반외세, ⑤ 경상도(또는 삼남지방), ⑥ 집강소
22. ① 삼례집회, 복합상소, 보은집회, ② 고부봉기, ③ 무장·백산 봉기, 황토현전투, 황룡촌전투, 전주화약(교정청 설치, 집강소 설치), ④ 경복궁 점령, 제1차 갑오개혁, 청일전쟁, ⑤ 우금치 패전
23. ① 왜, ② 평량갓, 과부, ③ 공사채, ④ 토지
24. ① 1차 갑오, ② 광무, ③ 2차 갑오, ④ 을미, ⑤ 1차 갑오, ⑥ 1차 갑오, ⑦ 2차 갑오, ⑧ 1차 갑오, ⑨ 을미, ⑩ 1차 갑오, ⑪ 2차 갑오, ⑫ 2차 갑오, ⑬ 1차 갑오, ⑭ 1차 갑오, ⑮ 1차 갑오, ⑯ 을미, ⑰ 1차 갑오, ⑱ 1차 갑오, ⑲ 2차 갑오, ⑳ 을미
25. 호조로의 재정일원화(갑신정변), 탁지아문으로 재정일원화(제1차 갑오개혁), 탁지부 전관(독립협회 헌의 6조)
26. 시모노세키 조약, 요동반도 할양
27. 대동상회, 장통상회
28. ① 서상돈, 김광제, ② 대구, ③ 1,300만원, ④ 대한매일신보, ⑤ 통감부의 방해
29. 찬양회(1898)
30. ① 한성주보, ② 독립신문, ③ 제국신문, ④ 대한매일신보, ⑤ 황성신문, ⑥ 만세보, ⑦ 대한신문, ⑧ 해조신문
31. 대한사민논설 13조목
32. 황성신문, 제국신문
33. ① 1896년(아관파천 중), ② 편벽, ③ 한글과 영문
34. ① 원산학사, ② 배재학당·경신학교, ③ 동문학, ④ 육영공원
35. ① 이인직 '혈의 누'·'은세계', 안국선 '금수회의록', 최찬식 '추월색', 이해조 '자유종', ② 최남선 '해에게서 소년에게'
36. ① 강화도 조약, ② 조미수호통상조약, ③ 강화도 조약, ④ 조미수호통상조약
37. 창덕궁에서 경우궁으로
38. ① 갑신정변, ② 동학농민운동
39. ① 백낙신, 유계춘, ② 조병갑, 이용태
40. 전운사
41. 민보군
42. 춘생문 사건(1895)
43. ① 러시아, ② 러시아, ③ 미국 → 일본, ④ 프랑스 → 일본, ⑤ 미국
44. (1883) 대동, (1898) 시전상인, 황국중앙총상회
45. ① 한성 사범학교, ② 한성 중학교
46. ① 외국인, 관민, ② 이권, ③ 탁지부, ④ 피고, ⑤ 칙임관

THEME 33 대한제국 / 독립협회

'대한제국 / 독립협회' 기출문장 괄호 넣기 연습

1. 만국우편연합
2. 원수부
3. 군대 해산

4. 1년
5. 복고주의
6. 울릉도
7. 을미사변
8. 경운궁
9. 양경
10. 무관학교
11. 만민공동회
12. 황국협회

단답형으로 생각 키우기

1. ① 절영도, ② 용암포
2. 아관파천
3. 서재필, 윤치호
4. "나는 대한의 가장 천한 사람이고 무지몰각합니다."
5. ① 황국협회, ② 황국중앙총상회
6. 중추원 관제 반포(1898)
7. 구본신참
8. 자주독립
9. ① 경운궁(덕수궁), ② 서북철도국, ③ 상무사, ④ 풍경궁, ⑤ 원수부, ⑥ 교전소(법규교정소), ⑦ 사례소, ⑧ 환구단(원구단), ⑨ 궁내부 내장원, ⑩ 북변도 관리, ⑪ 해삼위 통상사무, ⑫ 경위원, ⑬ 양지아문, 지계아문, ⑭ (궁내부 산하) 평식원, ⑮ 국문연구소, ⑯ 상공학교, 철도학교, 양잠학교(잠업시험장), 광무학교, 무관학교
10. 한성전기회사
11. ① 명동성당, ② 손탁호텔, ③ 원각사, ④ 덕수궁 석조전
12. ① 서대문~청량리, ② 노량진~제물포

THEME 34 일제강점기 주요 사건

국권 피탈기 & 일제 강점기 주요 사건

연 도	사 건
1900	41
1901	금
1903	용암포
1904	보안회, 농광회사, 대한매일신보, 고문
1905	화폐정리, 헌정연구회, 민영환
1906	서전서숙, 만세보
1907	신민회, 차관
1908	「소년」, 원각사, 동양척식
1909	유교구신론, 기유각서, 이토 히로부미
1910	13도 의군, 조선총독부, 조선 광문회, 회사령
1911	105인
1912	조선태형령, 동제사

1914	대조선국민군단, 1
1915	신한혁명당, 대한광복회
1916	조선사편수회
1917	러시아
1918	신한청년당, 한인 사회당
1919	대한민국 임시정부, 강우규
1920	조선, 동아, 청산리, 간도, 회사령
1921	연구회, 자유시
1922	어린이
1923	조선형평사, 김지섭, 토월회
1924	노농
1925	치안유지법
1926	6·10, 정우회, 아리랑
1927	근우회
1928	혁신의회
1929	원산, 광주
1931	만주, 신간회, 브나로드
1932	홍커우
1934	진단
1935	민족혁명당
1936	베를린
1937	중·일
1938	국가총동원, 3
1940	한국광복군, 한국 독립당
1941	대일
1942	공출
1943	카이로
1944	조선건국동맹
1945	조선건국준비위원회, 모스크바, 국민, 독립촉성

단답형으로 생각 키우기

1. (한일의정서) 군용지, (제1차 한일협약) 재정, 외교, (제2차 한일협약) 외교권, (한일신협약) 통감
2. 가쓰라·태프트 밀약, 제2차 영일동맹, 포츠머스 강화조약
3. 트루먼 독트린(1947. 3) : 미소냉전 본격화, 한반도 분단 고착화 계기 / 애치슨 선언(1950. 1) : 북한의 남침 자극(6·25 전쟁 발발의 원인 중의 하나) / 닉슨 독트린(1969. 7) : 주한미군 2만명 감축, 박정희 정부 위기감 고조
4. 이재명
5. 박제순
6. 안중근
7. 한일의정서(1904. 2)
8. 포츠머스 강화조약(1905. 9)
9. 을사조약(1905)
10. 시일야방성대곡(1905)
11. 민영환 유서(1905)
12. 한일신협약(1907)
13. 황현(절명시)(1910)
14. 회사령(1910)

15. 토지조사령(1912)
16. 조선태형령(1912)
17. 대한독립선언서(조소앙)(1919)
18. 사이토 마코토의 시정방침(1919)
19. 민족적 경륜(1924)
20. 형평사 창립 취지문(1923)
21. 근우회 창립 취지문(1927)
22. 광주 학생항일운동 격문(1929)
23. 신교육령(1922, 제2차 조선 교육령)
24. 정우회 선언(1926)
25. 신간회 강령(1927)
26. 의열단 선언(1923, 조선 혁명 선언)
27. 대일선전포고(1941)
28. 중추원
29. 고종 강제 퇴위
30. 관습적인 경작권, 공유지에 대한 농민의 입회권, 도지권
31. ① 1912년, ② 임병찬, ③ 복벽주의, 국권반환요구서 제출
32. ① 1915년, ② 박상진, 김좌진, ③ 대한광복단(풍기광복단)+조선국권회복단, ④ 친일부호 처단(장승원, 박용하), 남북만주에 사관학교 설립
33. ① 이상설, 이동휘, ② 1914년, ③ 연해주
34. (1906년) 서전서숙 교장, (1907년) 헤이그 특사 파견, (1910) 13도 의군, 성명회 참여, (1911년) 권업회 참여, (1914년) 대한광복군정부 정통령, (1915년) 신한혁명당 참여
35. ① 상하이, 1915, ② 샌프란시스코, 1913, ③ 연해주, 1911, ④ 일본 도쿄, 1918, ⑤ 서간도, 1911, ⑥ 북간도, 1919, ⑦ 하와이, 1914, ⑧ 네브라스카, 1909, ⑨ 평양, 1913
36. ① 윌슨, 김규식, ② 비폭력(맨주먹, 맨손), ③ 임시정부, 문화통치, 5·4 운동
37. ① 민립대학, ② 물산 장려
38. ① 암태도 소작쟁의, ② 조선노농총동맹, ③ 자작농까지 포괄, ④ 원산노동자총파업, ⑤ 혁명적, 비합법적, 적색(赤色), 격렬(절정), 정치적 투쟁
39. ① 정우회 선언, 6·10 만세운동, ② 이상재, ③ 4만여 명, ④ 원산노동자 총파업, 광주학생항일운동(진상조사단 파견, 민중대회 개최 계획), ⑤ 코민테른 12월 테제, 내부 갈등, 일제 탄압
40. 이광수 '민족적 경륜'
41. ① 이동휘, ② 이시영, ③ 임시의정원, ④ 한국독립운동지혈사, 한일관계사료집, ⑤ 연통제, ⑥ 파리위원부, 구미위원부, ⑦ 파리강화회의, 워싱턴회의, ⑧ 국무령 중심의 내각책임제, ⑨ 국무위원 중심의 집단지도체제, ⑩ 독립신문
42. 한국국민당(김구)
43. ① 보통선거, ② 국유제도, ③ 공비교육
44. 안중근, 신채호, 이회영
45. 산미증식계획, 쌀 공출, 근로보국대
46. ① 다나카, ② 히로히토, ③ 시라카와, ④ 사이토, ⑤ 스티븐스
47. ① 데라우치 마사타케, ② 우가키 가즈시게, ③ 미나미 지로
48. ① 지청천, 호로(군), 대전자령, 쌍성보, ② 양세봉, 의용(군), 영릉가
49. 대한독립군단
50. 동북항일연군
51. ① 1920년 10월, ② 6일간의 격전, ③ 어랑촌, 완루구, 백운평, 천수평, ④ 홍범도(대한독립군), 김좌진(북로군정서), 천주교(의민단)
52. 보통경찰 + 고등경찰, 경찰수 및 경찰관서의 수 3배 이상 증가

53. 청구학회
54. 조선어연구회(1921)
55. ① 유물, ② 사회경제, ③ 정체성론, ④ 연합성 신민주주의
56. ① 조선상고사(1931), ② 독사신론(1908), ③ 의열단선언(1923), ④ 조선사연구초(1929)
57. ① 동아일보·조선중앙일보, ② 신대한, ③ 동아일보
58. ① 손진태, ② 안재홍, ③ 박은식, ④ 문일평, ⑤ 정인보
59. 신경향파 문학
60. ① 안중식, ② 이중섭

THEME 35 정치결사운동, 항일비밀결사, 민족유일당

단답형으로 생각 키우기

1. 사회진화론(적자생존, 약육강식, 우승열패)
2. ① 송수만, 심상진, 이상설, ② 황무지 개간권 요구 저지, ③ 농광회사
3. ① 이준, ② 장지연, ③ 고종 퇴위 반대운동 주도
4. ① 안창호, 양기탁, 이동휘, ③ 대성, 오산, ⑥ 105인, ⑦ 경학사
5. 윤효정

THEME 36 국외 항일 운동

독립운동 단체 종합

번 호	독립운동 단체(조직)	번 호	독립운동 단체(조직)
1	경학사	18	동북항일연군
2	국민부	19	동제사
3	권업회	20	민족혁명당
4	근우회	21	보안회
5	노인동맹단(노인단)	22	송죽회
6	대동보국단	23	신간회
7	대조선국민군단	24	신민회
8	대한광복회	25	신한청년당(대한민국 임시정부)
9	대한국민의회	26	신한혁명당
10	대한국민회	27	오적암살단
11	대한독립군	28	의열단
12	대한독립군단	29	정우회
13	대한독립의군부	30	조선국권회복단
14	대한민국 임시정부	31	조선독립동맹
15	대한인국민회	32	조선물산장려회
16	대한자강회	33	조선산직장려계
17	독립협회	34	조선어연구회

35	조선어학회	42	한국독립군
36	조선의용대	43	한국독립당
37	조선청년독립단	44	한인애국단
38	조선혁명군	45	헌정연구회
39	조선형평사	46	혁신의회
40	중광단	47	흥사단
41	진단학회		

의열단

1. 김원봉, 윤세주, 만주 지린성
2. 개인, 민중
3. 조선혁명선언
4. 자치론, 내정독립론, 참정론(참정권론)
5. 김상옥
6. 박재혁
7. 김익상
8. 1926, 식산
9. 김지섭, 이중교
10. 임시정부
11. 폭탄 제조소
12. 20, 민족협동운동
13. 무장투쟁, 황포군관학교
14. 황포군관학교, 황포군관학교
15. 조선혁명간부학교
16. 민족혁명당
17. 조선의용대

THEME 37 대한민국 건국 과정

좌우 합작 7원칙

1	모스크바 3상 회의
2	미·소 공동 위원회
3	토지개혁
4	입법기구, 입법기구

인물 - 정당

인물	정당
김구	한국 독립당
여운형	조선 인민당
조만식	조선 민주당
김두봉	조선 신민당
송진우	한국 민주당
김성수	한국 민주당

인물	정당
안재홍	국민당
이승만	자유당
장면	민주당
박정희	민주공화당
전두환	민주정의당

THEME 38 현대사 주요 사건

헌법 개정

구분	키워드
1차	직선, 양원
2차	초대
3차	간선, 양원
5차	직선, 단원
6차	3선
7차	6년, 통일 주체 국민 회의
8차	7년, 대통령 선거인단
9차	직선, 5년

단답형으로 생각 키우기

1. 이승만, 장면, 박정희, 박정희, 전두환
2. (대한민국 임시정부) 충칭, 김구, 한국독립당, (조선독립동맹) 옌안, 김두봉, 조선신민당, (조선건국동맹) 국내, 여운형, 조선인민당
3. ① 조선건국동맹, ② 8월 15일, ③ 안재홍, ④ 건국치안대, ⑤ 식량대책위원회, ⑥ 145, ⑦ 조선인민공화국, ⑧ 3, ⑨ 절대로 간섭하지 말 것
4. ① 신한청년당, ② 조선건국동맹, ③ 치안권 수임요청, ④ 조선건국준비위원회, ⑤ 조선인민공화국, ⑥ 조선인민당, ⑦ 좌우합작위원회, ⑧ 1947년 7월
5. 김두봉, 백남운
6. 안재홍
7. 송진우
8. 1945년 10월 23일, 이승만
9. 김구
10. 1946년 2월, 이승만·김구
11. 안재홍
12. 이시영
13. ① 카이로 회담, 1943년 11월, 미·영·중, ② 얄타회담, 1945년 2월, 미·영·소, ③ 포츠담회담, 1945년 7월, 미·영·중·(소), ④ 모스크바 3상회의, 1945년 12월, 미·영·소
14. ① 번즈, 베빈, 모토로프, ② 좌우 대립, ③ 임시조선민주주의 정부 수립, 미소 공동위원회 설치, 최고 5년 기한 4개국 신탁 통치

15. 이승만의 정읍발언(1946년 6월), 좌우합작운동(1946년 7월~1947년 12월), 남조선 과도입법의원 개원(1946년 12월), 트루먼 독트린 발표(1947년 3월)

16. ① UN 총회, ② UN 소총회(UN총회의 임시위원회), ③ UN 총회, ④ UN 한국 임시위원단, ⑤ UN 안전보장 이사회, ⑥ UN 한국재건단(1950. 12), ⑦ 6.23 평화통일 외교정책 선언(1973), ⑧ 노태우 정부(1991)

17. ① 여운형, 김규식, ② 김구, 김규식

18. 김규식

19. ① 2·7 투쟁, ② 삼천만 동포에게 읍고함, ③ 제주 4·3 사건, ④ 남북 협상(남북 제정당 사회단체 대표자 연석회의), ⑤ 5·10 총선거, ⑥ 제헌국회 시작, ⑦ 제헌 헌법 공포, ⑧ 국회에서 대통령 선출, ⑨ 대한민국 정부 수립, ⑩ 북한 정부 수립, ⑪ 반민족 행위 처벌법 공포, ⑫ 여수·순천 10·19 사건, ⑬ 반민특위 설치, ⑭ UN 총회의 대한민국 정부 승인

20. ① 북조선 임시 인민 위원회, ② 5정보, 무상몰수, 무상분배(1946. 3), ③ 신한공사, ④ 중앙토지행정처, ⑤ 농지개혁법(1950. 3 공포), ⑥ 3정보, 유상몰수, 유상분배(현물 상환), ⑦ 자작농 증가(소작제 폐지), ⑧ 미군정의 농지개혁

21. ① 애치슨 선언, ② 북한군 남침, ③ 유엔안전보장이사회 소집(북한의 도발을 침략 행위로 규정), ④ 인천상륙 작전, ⑤ 중공군 참전, ⑥ 1·4 후퇴(북한군 서울 재점령), ⑦ 거창 양민 학살사건, ⑧ 휴전회담 개최(개성), ⑨ 반공포로 석방, ⑩ 휴전 협정 체결(판문점), ⑪ 한미상호방위조약 체결

22. 조봉암

23. ① 이승만, ② 장면, ③ 조봉암

24. ① 3·15 부정선거, ② 마산, ③ 장면 내각

25. ① 이승만, ② 이승만, ③ 김구, ④ 김구, ⑤ 박정희, ⑥ 박정희, ⑦ 전두환, ⑧ 김대중

26. ① 1951년, ② 1952년, ③ 1958년, ④ 1960년, ⑤ 1961년, ⑥ 1963년, ⑦ 1964년, ⑧ 1966년, ⑨ 1968년(12월), ⑩ 1972년, ⑪ 1973년, ⑫ 1974년, ⑬ 1976년, ⑭ 1979년, ⑮ 1988년, ⑯ 1990년

27. ① 1대(간선), 2대(직선), 3대(직선), ② 5대(직선), 6대(직선), 7대(직선), 8대(간선), 9대(간선), ③ 1대(1948) 이승만 - 국회 간선, 4대(1960) 윤보선 - 국회 간선, 8대(1972) 박정희 - 통일주체국민회의 간선, 9대(1978) 박정희 - 통일주체국민회의 간선, 10대(1979) 최규하 - 통일주체국민회의 간선, 11대(1980) 전두환 - 통일주체국민회의 간선, 12대(1981) 전두환 - 대통령선거인단 간선

28. ① 4·19 혁명, ② 4·19 혁명, ③ 3·1 민주구국선언, ④ 5·18 민주화 운동, ⑤ 6월 민주항쟁(박종철), ⑥ 6월 민주항쟁, ⑦ 6월 민주항쟁, ⑧ 6월 민주항쟁, ⑨ 4·19 혁명, 6월 민주항쟁

29. ① 1차, 5차, 9차 개헌, ② 초대 대통령에 한하여 중임 제한을 철폐한다, ③ 1차 개헌, ④ (3차 개헌) 간선제, 의원내각제, 양원제 의회, (5차) 직선제, 대통령중심제, 단원제 의회, ⑤ 통일주체국민회의 간선, 대통령 임기 6년, 국회의원 1/3 선거, 국회해산권, ⑥ 6년(중임제한 철폐), 7년 단임, 5년 단임, ⑦ 3·1운동, 대한민국임시정부, 4·19 민주이념

30. ① 1,000, ② 100억

31. ① 1950년대, ② 1950년대, ③ 1950년대, ④ 1960년대, ⑤ 1960년대, ⑥ 1970년대, ⑦ 1970년대(1차 1973, 2차 1978~), ⑧ 1970년대, ⑨ 1970년대, ⑩ 1970년대, ⑪ 1970년대, ⑫ 1980년대, ⑬ 1980년대

32. ① 1972년, 박정희 정부, ② 자주적 통일, 평화적 통일, 민족적 대단결, ③ 남북조절위원회, 남북 회담용 직통전화, ⑤ 호칭을 괴뢰에서 북한으로, ⑥ 남북 적십자 회담(1971), ⑦ 유신헌법, 사회주의 헌법(1972)

33. ① 1991년, 노태우 정부, ② 화해, 교류·협력, 불가침, ③ 남북 군사공동위원회, ④ 군사 당국자간 직통전화, ⑤ 상대방 체제 인정·존중, 잠정적으로 형성되는 특수관계, ⑥ 남북 UN 동시 가입(1991. 9), ⑦ 한반도 비핵화 공동선언(1991. 12)

34. 1985년(전두환 정부)

35. 1998년(김대중 정부)

36. ① 박정희, ② 박정희, ③ 박정희, ④ 전두환, ⑤ 전두환, ⑥ 전두환

37. ① 이승만, ② 박정희, ③ 박정희

38. ① 박정희, ② 김영삼(상록수 부대), ③ 김대중(상록수 부대), ④ 노무현(자이툰 부대)

39. ① 노태우, ② 김대중

40. ① 김대중(2000), ② 노무현(2007)

41. ① 이승만, ② 이승만, ③ 장면, ④ 박정희, ⑤ 박정희, ⑥ 박정희, ⑦ 박정희, ⑧ 최규하, ⑨ 전두환, ⑩ 전두환, ⑪ 노태우, ⑫ 김대중, ⑬ 노무현

42. ① 노태우, ② 김영삼, ③ 김영삼, ④ 김영삼, ⑤ 김대중
43. ① 노태우, ② 김영삼
44. ① 장면, ② 노태우, ③ 김영삼
45. ① 전두환, ② 전두환
46. ① 박정희(1968), ② 박정희(1976), ③ 전두환(1983), ④ 김대중(1999, 2002), ⑤ 이명박(2010)
47. ① 노태우(1989), ② 노태우(1990), ③ 노태우(1992)
48. ① 박정희(1969), ② 박정희
49. ① 박정희, ② 김대중
50. ① 김영삼(1994), ② 이명박(2011)

THEME 40 유네스코 문화유산

유네스코 세계 기록 유산

숫자	5.18 민주화 운동 기록물
ㄱ	고려대장경판 및 제경판
	국채보상운동 기록물
ㄴ	난중일기
ㄷ	동의보감
ㄹ, ㅁ, ㅂ	〈없음〉
ㅅ	새마을운동 기록물
	승정원일기
ㅇ	일성록
ㅈ	조선왕조실록
	조선왕조의궤
	조선왕실 어보와 어책
	조선 통신사에 관한 기록
	직지심체요절(불조 직지심체요절 하권)
ㅊ, ㅋ, ㅌ, ㅍ	〈없음〉
ㅎ	한국의 유교책판
	훈민정음 해례본
영어	KBS 특별생방송 '이산가족을 찾습니다' 기록물

의궤

1. 행사, 행사
2. 혼인(혼례), 혼례
3. 김홍도
4. 조선 초기
5. 외규장각
6. 병인
7. 145
8. 양헌수
9. 이두
10. 대례
11. 가례도감
12. 사망, 사망
13. 화성성역
14. 유네스코

해커스공무원

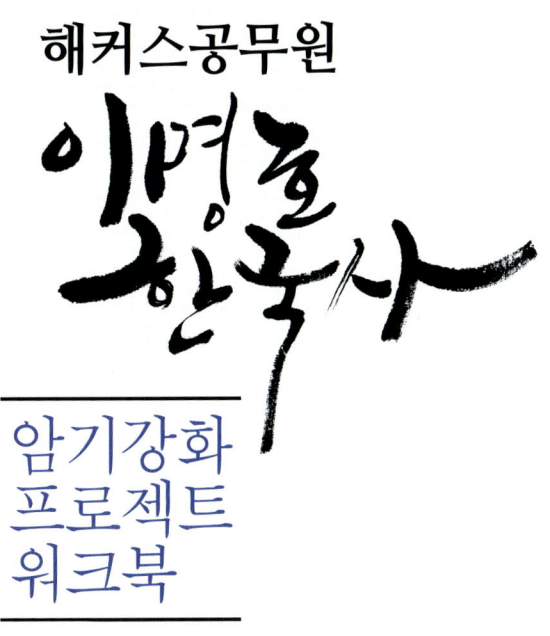

이명호 한국사

암기강화
프로젝트
워크북

개정 3판 1쇄 발행 2022년 9월 1일

지은이	이명호
펴낸곳	해커스패스
펴낸이	해커스공무원 출판팀
주소	서울특별시 강남구 강남대로 428 해커스공무원
고객센터	1588-4055
교재 관련 문의	gosi@hackerspass.com
	해커스공무원 사이트(gosi.Hackers.com) 교재 Q&A 게시판
	카카오톡 플러스 친구 [해커스공무원강남역], [해커스공무원노량진]
학원 강의 및 동영상강의	gosi.Hackers.com
ISBN	979-11-6880-568-2 (13910)
Serial Number	03-01-01

저작권자 ⓒ 2022, 이명호

이 책의 모든 내용, 이미지, 디자인, 편집 형태는 저작권법에 의해 보호받고 있습니다.
서면에 의한 저자와 출판사의 허락 없이 내용의 일부 혹은 전부를 인용, 발췌하거나 복제, 배포할 수 없습니다.

최단기 합격 공무원학원 1위, 해커스공무원
gosi.Hackers.com

- 이명호 선생님의 **본 교재 인강**(교재 내 할인쿠폰 수록)
- '회독'의 방법과 공부 습관을 제시하는 **해커스 회독증강 콘텐츠**(교재 내 할인쿠폰 수록)
- 정확한 성적 분석으로 약점 극복이 가능한 **합격예측 모의고사**(교재 내 응시권 및 해설강의 수강권 수록)
- 해커스 스타강사의 **공무원 한국사 무료 동영상강의**

헤럴드미디어 2018 대학생 선호 브랜드 대상 '대학생이 선정한 최단기 합격 공무원학원' 부문 1위